슬기교육 시리즈 ❹

현지와 돌이

현지와 돌이

초판 1쇄 인쇄일 2022년 11월 22일
초판 1쇄 발행일 2022년 11월 29일

지은이 신원우
그　림 신서정
펴낸이 양옥매
디자인 박예은 표지혜
교　정 조준경

펴낸곳 도서출판 책과나무
출판등록 제2012-000376
주소 서울특별시 마포구 방울내로 79 이노빌딩 302호
대표전화 02.372.1537　**팩스** 02.372.1538
이메일 booknamu2007@naver.com
홈페이지 www.booknamu.com
ISBN 979-11-6752-222-1 (73100)

* 저작권법에 의해 보호를 받는 저작물이므로 저자와 출판사의 동의 없이
　내용의 일부를 인용하거나 발췌하는 것을 금합니다.
* 파손된 책은 구입처에서 교환해 드립니다.

슬기교육 시리즈 ❹

현지와 돌이

글 신원우 ❖ 그림 신서정

시작하는 말

'사람'이란 낱말에는 어떤 뜻이 담겨 있을까요?

사람이 사람이면서도 이런 질문을 받으면 답변하기 어려울 것 같아요. 그런데 만일 사람이 아닌 다른 동물이 자신도 사람이라고 주장한다면 어떤 생각이 들까요?

들쥐인 돌이는 학교의 연못 근처에 살고 있었어요. 그런데 그 들쥐는 공부하기를 좋아하여 들쥐임에도 불구하고 4학년 1반 교실로 등교하게 되었고, 학부모 공개수업에서 발표할 시도 지었지요.

그렇지만 마음속에는 풀리지 않는 한 가지 의문이 있었어요. 그것은 자신도 사람인가 하는 점이었어요.

돌이는 사람으로 인정받고 싶은 마음에 이렇게 있는 힘껏 외쳐 보고 싶었어요. 4학년 1반 친구들과 선생님 앞에서 말이에요.

'나도 사람이라고요. 살아 숨 쉬는 사람!
사람으로서 당당하게 관심도 받고 싶고 사랑도 받고 싶다고요.'

과연 이 주장은 옳은 것일까요? 그렇게 말할 수 있는 근거가 있다면 무엇일까요?

여기에서 한 걸음 더 나아가 어떻게 살아야 '사람다움'에 이를 수 있을까요?

우리의 조상들은 '사람'이나 '사람다움'이란 낱말에 깜짝 놀랄 만한 슬기를 담아 놓았어요.

그런 슬기를 돌이와 함께 찾아보지 않으실래요?

2022. 11. 29.

교육학 박사 신원우

차례

시작하는 말 4

사람다움이란 무엇인가?

돌이의 별난 등굣길 10

피리 부는 사나이라고? 12

따분하기만 한 수업 16

들쥐는 생각만 해도 징그러워! 22

우리 반에도 들쥐가 나타나면 어떡하지! 29

한없이 사랑스럽기만 한 돌이의 모습 34

그러면 실험용 쥐가 불쌍하잖아요 43

리코더를 든 아이의 횡포 51

그 아이들은 나의 친구가 아니야! 57

감쪽같이 사라진 옥수수 네 알 62

점점 더 그리워지는 옥수수 한 알 68

혹시 그분이 다녀간 것은 아닐까? 73

우리 반 아이들은 어느 시를 좋아할까? 84

내가 잘못 들었나? 92

나도 사람이라고, 살아 있는 사람! 99

설마! 쥐의 꼬리는 아니겠지! 105

내 말을 못 알아듣는 것일까? 120

너의 잔인함을 만족시키기 위해 그렇게 했을 뿐이잖아 132

들쥐가 좋아하는 먹이에 독약을 넣었다고 하던데 141

어떻게 집으로 돌아가지 149

그래요, 돌이님도 사람이에요 160

이제부터는 사람다움의 길을 걷고 싶어 171

슬기 찾기 활동

슬기 찾기 활동 문제 만들기 181
<u>기본 단계</u> 상상력과 통찰력을 얻기 위한 활동 181
<u>심화 단계</u> 이 작품의 배경이나 주제와 관련된 문제 183

슬기 찾기 활동의 방향 살펴보기 186
1. 동물과의 결혼이 가능할까요? 186
2. 훌륭한 삶이란 어떤 삶일까요? 188
3. 아름다움이란 무엇일까요? 190
4. 사람이나 사람다움이란 말에는 어떤 뜻이 담겨 있을까요? 192

슬기 찾기 활동 실제로 해 보기 198
참고문헌 201

사람다움이란 무엇인가?

what is humanity?

돌이의 별난 등굣길

3월 21일 수요일 아침, 햇살이 창문을 통해 환하게 비쳐 들어왔어요.

'어쩜 이렇게 날씨가 좋을까?'

돌이(들쥐, 6개월, ♂)는 기분 좋게 세수하고 밥을 먹은 다음 학교로 향했어요.

밝고 맑은 햇빛과 삐죽삐죽 솟아오른 새싹이 너무 예뻐 그런지, 돌이는 한동안 그 모습을 바라보았어요. 그러고는 아주 작은 나뭇가지를 타고 화단을 지나 다시 또 건물 안으로 들어갔어요.

그러고 보면 푸른솔초등학교의 교문이나 교실 건물의 현관은 돌이에게 어울리지 않는 곳인지도 모르겠어요. 아니, 어쩌면 피해야 할 곳 중의 하나였는지도.

남들이 보지 않도록 조심하고 또 조심하면서 길을 따라 걸어갔어요. 좁은 통로를 지나고 또 지나갔죠. 가다 보면 친구들을 만나기

도 했는데, 그 친구들은 웬일인지 빈둥빈둥 놀기만 할 뿐이었어요. 가끔은 못된 짓도 하는 불량배들이었거든요.

돌이는 그 아이들이 왜 그렇게 놀기만 하고 먹기만 하는지 알 수 없었지요.

'친구를 보면 반갑게 인사를 해야 한다.'라는 선생님의 말씀이 떠올랐기 때문에 돌이는 인사를 했어요.

그렇지만 그 아이들은 아무런 반응이 없었어요. 인사도 받지 않고 슬금슬금 피하면서 딴 곳으로 갈 뿐이었죠.

'하는 수 없지. 빨리 가야지.'

선생님을 보고 싶은 마음에 돌이는 걸음을 재촉했어요. 1층에서 2층으로, 2층에서 다시 3층으로, 3층에서 다시 4층으로 올라갔어요.

구불구불한 길을 선택했기 때문에 시간이 좀 걸리고 힘도 들었지만, 어쩔 수 없는 일이었지요.

돌이는 그렇게 쉬지 않고 열심히 올라온 덕분에 마침내 교실에 도착했어요. 4학년 1반 교실에.

피리 부는 사나이라고?

 4학년 1반 선생님은 교실로 들어오는 아이들과 인사를 주고받고 있었어요. 현지(여, 11세)는 교실 문을 열고 안으로 들어갔어요. 선생님을 바라보며,
 "행복하세요."
 라고 인사를 드렸어요.
 선생님도 현지의 눈동자를 바라보며,
 "현지도 행복하게 지내렴!"
 이라고 답례하며 반갑게 맞이했어요.
 인사를 마친 현지는 목에 걸고 있던 스마트폰의 전원을 껐어요. 그런 다음 그것을 보관하는 바구니에 넣었지요.
 바구니 옆에는 스마트폰을 낸 사람을 기록하는 공책이 놓여 있었어요. 명단에서 자신의 이름을 찾아 그 옆에 O표를 했지요.

그다음에는 가방을 열어 학부모 상담 신청서를 꺼냈어요. 그것도 바구니에 넣은 다음, 그 명단에서도 자신의 이름을 찾아 그 옆에 ○표를 했지요.

등교할 때 이런 식으로 맡겨진 스마트폰은 하교할 때 찾아가게 되어 있었어요. 그것은 3월 2일, 이 교실에 들어온 첫날부터의 약속이었지요.

등교 시각은 8시 50분까지로 되어 있었어요. 등교 시각을 1분 남겨 놓은 지금은 21명이나 되는 아이들이 거의 다 자기 자리에 앉아 있었지요.

등교한 아이들은 모두 책을 꺼내 놓고 읽었어요. 9시까지는 자신이 좋아하는 책을 읽는 것이 이 학교의 규칙이었거든요.

8시 50분에는 아이들이 다 들어와 있었어요. 그렇지만 선생님께서는 웬일인지 돌이에게는 인사를 하지 않았어요. 아니, 왔는지 안 왔는지 확인조차 하지 않는 것이었어요.

만약 어떤 아이가 8시 50분까지 등교하지 않았다면, 그 아이가 오기만을 9시까지 기다릴 테고, 그래도 안 오면,

"4-1 담임교사입니다. ○○○이 아직 등교하지 않았는데, 무슨 일이라도 있으신지요?"

라는 문자 메시지가 갈 거예요. 해당 학부모의 스마트폰으로 말이에요.

그런데 선생님의 표정을 아무리 살펴보더라도 돌이 어머니에게 그런 문자 메시지를 보낼 기색은 조금도 보이지 않았어요.

현지는 한쪽 구석에 놓여 있는 책장에서 책을 가져왔어요. 『미랑이와 마리의 사랑 이야기』라는 책이었죠.

펼쳐 읽어 보니, 미랑이와 마리가 서로 도우며 살아가는 삶을 그려 놓은 동화였어요. 읽다 보니 재미있고 진한 감동이 밀려왔지요.

현지와 친구들이 책을 읽는 동안, 학급회장은 반 아이들이 책을 잘 읽을 수 있도록 도와줬어요. 반 아이들이 독서에 집중할 수 있도록, 돌아다니거나 종이접기, 딱지, 액체 괴물을 갖고 놀지 못하도록 안내했어요.

그래도 말을 듣지 않는 아이들이 있으면, 칠판의 한구석에 그려 놓은 모둠별 점수판에 ×표시를 했어요. 물론 잘하고 있는 모둠에는 ○표를 했고요.

현지네 모둠은 ○표를 하나 받았어요. 4명으로 된 모둠의 구성원 중 한 명이 책을 읽지 않고 딴짓을 하고 있었거든요.

선생님께서는 아이들을 둘러보기도 했고, 공문서[1]를 찾아보기도 했어요. 매일 아침 8시쯤이 되면, 교무부장님이 보내 주는 "일일 교육 활동"[2]을 보시며 하루의 계획을 세우기도 했어요.

---

1 공무원이 공무상 작성하거나 접수한 문서를 말한다.
2 학교 운영을 위해 그날그날 작성하는 하루 생활 계획서를 말한다.

꼼꼼히 살펴보면서 필요한 것이 있으면 학급 운영 공책에 메모했고, 아이들에게 전달할 내용도 메모하곤 했죠.

그런데 웬일인지, 오늘은 그 일일 교육 활동을 보면서 고개를 갸우뚱하는 것이 아니겠어요?

그러고 보면 그 뜻이 언뜻 이해되지 않았던 모양이에요. 왜냐하면, 그곳에는 '피리 부는 사나이'라는 말이 쓰여 있었거든요.

'3월 28일에는 피리 부는 사나이를 부른다고? 피리 부는 사나이를….'

몇 번을 읽어 봐도 도무지 알 수 없다는 듯 고개만 갸우뚱하셨죠.

'그날은 학부모님들이 공개수업을 보러 오는 날인데, 그러면 피리를 부는 사나이도 학부모님일까?'

따분하기만 한 수업

9시가 되었어요.

1교시 시작을 알리는 종이 울리자, 선생님의 말씀이 온 교실에 울려 퍼졌어요.

"읽던 책은 모두 집어넣길 바랍니다. 1교시는 도덕 시간이니, 모두 사물함에서 도덕책을 가져와 책상 위에 올려놓고 배울 부분을 펼쳐 주세요."

선생님의 말씀을 듣고 현지는 다른 아이들이 종알대는 소리를 들으며 읽던 책을 책상 속에 집어넣었어요. 그러고는 교실 뒤편에 있는 사물함에서 도덕책을 꺼내 왔어요.

선생님께서는 현지가 도덕책을 책상 위에 펼쳐 놓는 것을 보고는 이렇게 말했어요.

"오늘의 일정에 대해 간단하게 안내한 다음, 1교시 수업에 들어가도록 하겠어요.

오늘은 미세먼지가 많다고 합니다. 쉬는 시간이나 특히 점심시간에는 운동장에 나가지 않도록 해 주십시오. 어렸을 때부터 자신의 건강은 스스로 지키는 습관을 기르도록 합니다.

밖으로 나가는 아이가 있다면 어쩔 수 없어요. 그런 아이를 본 학생은 그 아이의 이름을 칠판 한쪽에 적어 놓도록 합니다. 그 아이에게는 수업이 끝난 다음, 건강의 중요성에 대해 다시 한번 안내하도록 하겠어요."

미세먼지 방지용 마스크를 하고 온 현지는,

'누가 밖으로 나가 놀고 있는지 살펴봐야지.'

라는 생각을 하고 있었어요. 그렇지만 돌이는,

'오늘은 날씨가 참 좋은데, 미세먼지가 많다고 운동장에 나가지 말라니…. 미세먼지! 대체 그게 뭘까?'

라는 생각으로 고개를 갸우뚱했어요.

이해가 되지 않았기 때문이었죠. 그렇다고 하여 손을 들고 질문할 수도 없었어요. 진지하게 말씀하시는 선생님의 말씀을 방해하고 싶지 않았거든요.

그때였어요. 옷을 바르게 차려입은 현지가 손을 들더니 이런 말을 하는 것이었어요.

"선생님! 그러면 책을 빌리기 위해 도서실에 갔다 오는 것은 괜찮은가요?"

"좋은 질문이에요. 좋은 질문을 한 현지에게 큰 박수를 한번 쳐 줍

시다."

아이들은 모두 손뼉을 쳤어요.

"도서실에 책을 빌리러 가는 것은 좋아요. 교실의 앞쪽과 뒤쪽에서 하고 싶은 놀이를 하는 것도 좋아요. 그리고 점심시간에는 운동장에 못 나가는 대신 재미있는 것을 보여 드리도록 하겠습니다."

이 말을 듣고 돌이는,

'뭘 보여 주실까?'

궁금했어요. 그렇지만 그것이 무엇인지는 짐작조차 할 수 없었죠.

반 아이들은 짐작이 간다는 듯 기쁨에 찬 표정으로 서로의 얼굴을 바라보며 웃음 짓고 있었어요. 조금 있으려니,

"장금이의 꿈이야, 장금이의 꿈 5화!"

라는 소리가 여기저기에서 흘러나왔어요.

"1교시는 도덕을 하고, 1교시가 끝나면 우유를 마십니다. 화장실 갔다 올 사람은 갔다 오고, 2교시에는 과학을 하겠어요. 시간표대로 한다면 국어 시간이 될 텐데, 학교 행사로 인해 4교시 수업과 바꾸기로 했으니, 잘 기억해 두도록 합니다.

2교시가 끝나면 중간놀이 시간인데, 교실의 앞쪽과 뒤쪽에서 카드놀이나 장기 등 자유롭게 놀면 될 것 같아요. 물론 뛰어다니는 것은 안 됩니다.

3교시는 창의적 체험활동 시간인데, 음악실로 이동하면 되겠어요.

10시 45분부터 이동할 준비를 할 예정이니, 시간에 늦지 않도록 하고, 4교시에는 국어를 합니다.

국어 수업이 끝나면 점심시간이고, 급식을 먹은 다음에는 알림장을 쓰고, 자기 자리를 청소합니다. 청소가 끝나면 책상 줄을 맞추고 하교하도록 하겠어요.

오늘은 4교시를 하는 날입니다. 일주일에 딱 한 번밖에 없는 날이니만큼 모두 보람 있고 행복한 하루가 되도록 노력합시다."

선생님은 이런 말을 하고는 앞 칠판 한쪽에 걸려 있는 시간표를 보기도 했고, 아이들의 반응을 살펴보기도 했어요.

수업 시간이 바뀌었지만, 그런 것에 대해 질문하는 아이들은 없었어요. 정해진 대로 할 수도 있지만, 학교 행사나 학급의 사정에 따라서는 달라질 수도 있다는 것을 잘 알고 있었거든요.

'그렇지. 오늘은 4교시를 하는 날이었지. 재미있게 놀아야지.'

현지는 이런 생각만으로도 기뻤어요. 오늘 하루도 잘 보낼 것 같았어요. 그렇지만 돌이는,

'아이고 따분하다. 오늘도 일정이 빡빡하네. 에라, 모르겠다. 집으로 돌아갈까?'

라는 생각을 하고 있었지요.

그런데 그때 또 현지가 손을

들더니 이런 질문을 하는 것이었어요.

"선생님! 학사 달력[1]을 보면, 3월 28일 수요일은 학부모총회 및 공개수업으로 되어 있는데, 어떤 수업을 하실지 무척 궁금합니다."

"아주 좋은 질문을 했어요. 그날은 학부모 공개수업을 하게 되는데, 과목은 국어입니다. 4교시 국어 시간에 안내하겠지만, 지금 간단하게 말씀드리자면, 주제는 자신이 직접 쓴 시를 발표하는 것이에요. 지금까지 배운 시를 바탕으로 하여 시를 한 편씩 쓴 다음, 자신이 쓴 시를 부모님들 앞에서 발표하는 시간을 가져 볼 예정입니다.

오늘부터는 평소에 보던 것이라 하더라도 그냥 넘어가지 말고 다시 한번 잘 살펴보도록 합니다. 이를테면 이 봄을, 자신의 삶을, 친구나 공부, 자신의 꿈, 사람, 동물, 식물 따위에 대한 자신의 경험이나 생각을 다시 한번 떠올려 봅시다. 그리고 그에 대한 느낌을 시의 형식으로 솔직하게 나타내는 거예요. 그렇게 하면 가장 좋은 시가 될 겁니다."

현지는 선생님의 말씀을 듣고, 알림장을 꺼낸 다음 간단하게 메모하며 이런 생각을 해 봤어요.

"옳지. 좋아! 그러면 되겠는데, 평소의 경험을 다시 한번 살펴보고 그 느낌을 시의 형식으로 솔직하게, 그러면 되겠구나."

그렇지만 돌이는,

---

[1] 학교의 행사 일정을 넣어 놓은 달력을 말한다.

"평소에 보던 것이라 하더라도 그냥 넘어가지 말고 다시 한번 잘 살펴보도록 합니다."

라는 말씀을 마음속에 새기며 집으로 돌아가려 했어요.

'평소에 보던 것도 그냥 넘어가지 말고 다시 한번…. 다시 한번, 다시…. 한번….'

공책을 가져오지 않았던 돌이는 선생님의 말씀을 되풀이하며 중요한 것만 외웠어요. 그러고는,

'아침에 왔던 길을 통해 다시 돌아갈까?'

라는 생각으로 발걸음을 옮기려고 하는데, 그때 갑자기 이런 생각이 솟구쳐 올라왔어요.

'그래도 1교시 수업만큼은 참석해 보자.'

그때 왜 이런 생각이 들었는지는 돌이 그 자신도 모르는 일이었죠.

들쥐는 생각만 해도 징그러워!

오늘의 일정에 대한 안내가 끝나자, 도덕 수업이 시작되었어요.

"학습 주제는 우정입니다. 친구와 친구 사이에 서로 주고받는 따뜻한 마음을 우정이라고 하는데, 오늘은 그 뜻에 대해 자신의 경험을 되새기며 대화를 나눠 보도록 하겠습니다."

말씀을 마치신 선생님께서는 칠판에 '우정'이란 글씨를 아주 크게 쓰셨어요. 그러고는 또 이렇게 말씀하셨죠.

"서로의 생각을 나눠 보는데, 우선은 모둠별로 대화를 나눠 보고, 그다음에는 전체적으로 나눠 보도록 하겠어요. 우정을 느껴 본 경험을 떠올리며 말이에요."

그런데 바로 그때였어요. 손을 든 학생이 있었어요. 선생님께서는 그 아이 쪽을 바라보시더니 이렇게 말씀하였어요.

"그럼, 현지가 말해 보렴."

현지는 자리에서 벌떡 일어나 이렇게 말씀드렸어요.

"방금 선생님께서는 우정이란 친구와 친구 사이에 주고받는 따뜻한 마음이라고 말씀하셨는데…. 그런데요. 그 친구가 꼭 사람이어야 하나요?"

"그렇지. 사람이어야 하지 않을까?"

선생님은 머뭇거리더니 말씀하셨어요.

"제 생각은 좀 다릅니다. 선생님!"

"어떻게 다른데?"

"제 친구는 사람이 아니라 동물이거든요."

"동물?"

"예. 그중에서도 고양이거든요."

"고양이?"

"예. 집에서 고양이를 기르고 있는데, 그 고양이가 제 친구예요. 저의 가장 친한 친구."

"그렇구나. 고양이."

"예. 고양이가 저의 가장 친한 친구예요. 그 친구가 나랑 가장 많이 놀아 주고, 제 마음을 가장 잘 알아주고, 또 나를 가장 잘 이해해 주고…."

"그렇구나! 현지는 고양이를 친구라고 생각했고, 그동안 그 친구와 사귀며, 따뜻한 마음을 주고받고 있었구나!"

선생님도 이해되었다는 듯 고개를 끄덕이셨어요.

"예. 선생님! 맞아요. 그래서 그러는데요. 저처럼 고양이나 강아지,

다른 동물들을 친구로 생각하고 있는 경우를 포함해도 되는지 여쭤 보고 싶습니다."

질문을 받은 선생님께서는 다른 아이들을 둘러보시며 이렇게 말씀하셨어요.

"현지가 하는 말, 잘 들었죠? 그러면 여러분은 어떻게 생각하십니까? 친구의 범위를 사람뿐 아니라 동물로 확대해도 좋은지, 의견이 있는 사람은 손을 들어 주길 바랍니다."

그때 또 어떤 친구가 손을 번쩍 들더니 이렇게 말했어요.

"선생님! 그러면 식물은 안 되나요? 저는 화단에 있는 식물을 저의 친구로 생각하고 있는데요."

"식물도?"

"예. 선생님께서 이전에 하셨던 말씀이 생각나서요. 3월 5일이었어요. 그때 선생님께서는 창의적 체험활동 시간에 저희를 운동장에 데려간 다음, 화단을 둘러보시며 친구로 하고 싶은 나무나 꽃을 하나씩 고르라고 말씀하셨습니다. 그래서 저는 살구나무를 친구로 삼았고, 지금도 그 나무와 이야기를 주고받고 있습니다."

주고받는 대화의 흐름을 알게 되니, 돌이도 흥미가 생겼나 봐요.

'그런 일이 있었나! 3월 5일에.

난 전혀 모르는 일인데, 그날은 내가 아파 학교에 못 와서 그랬나?'

돌이는 지나간 일들을 곰곰 생각해 봤어요. 별별 생각을 다 해 보았지만, 알 수 없는 일이었지요.

'그래도 좋아. 지금 알게 되었으니.'

돌이는 긍정적으로 받아들이기로 했어요.

'나도 이참에 우리 집 앞에 피어난 예쁜 꽃을 친구로 정한 다음, 그 친구에게 재미있는 이야기도 해 줘야지. 지금 하는 토론에 대해서도 말해 주고.'

돌이는 이런 생각을 하고 있었지만, 선생님께서는 그런 돌이에게 아무런 관심도 보이지 않으셨어요. 다시 또 다른 학생들을 둘러보시더니 이렇게 말씀하셨지요.

"그러면 좋아요. 친구의 범위를 동물이나 식물까지도 포함하여 토론해 보려고 하는데, 어떻습니까? 다른 의견이 있는 사람은 자신의 의견을 발표해 주시기 바랍니다."

손을 드는 아이들은 한 명도 없었어요.

"그러면 그렇게 하도록 합시다. 동물이나 식물과 주고받은 마음이나 그런 마음이 쌓이고 쌓여 생겨난 우정은 사람을 사귈 때하고는 또 다른 느낌일 것 같아요. 그러니 그와 관련된 다양한 경험을 나눠 보기로 합시다."

선생님의 새로운 제안을 듣고 돌이는 이 토론에 참여하기 위해 앞으로 나올까 말까 망설이다 그만두기로 했어요. 어서 빨리 집으로 돌아가고 싶었거든요. 집 앞에 있는 꽃 중 어느 하나를 친구로 정한 다음, 오늘 일어난 일에 관해 이야기해 주는 것이 더 낫다고 생각했기 때문이었죠.

현지는 자신의 의견이 받아들여졌기 때문에 기분이 좋았어요. 토론에 도움을 주었다는 기분도 들었고요. 그 때문인지, 현지는 기분 좋게 시작할 수 있었지요.

"나는 동물 중에서도 고양이를 가장 좋아하고, 같이 놀고 싶고, 보살펴 주고 싶고…."

현지가 또박또박 발표하자, 옆에 앉아 있는 짝꿍이 이렇게 말했어요.

"동물과 친구가 되었을 때 가장 좋은 점이 있다면 뭐야?"

"동물은 주는 만큼 받아 주고, 준 만큼 다시 돌려주지. 그런 점이 좋은 것 같아."

"그래?"

"응."

"그럼, 현지는 지금 사귀고 있는 고양이 말고, 강아지나 햄스터, 들쥐 같은 동물과도 친구가 되고 싶은 마음이 있어?"

"노력하면 강아지나 햄스터까지는 친구가 될 수 있을 것 같은데, 쥐는…."

현지는 말끝을 흐리며 쥐는 좀 어렵다는 듯 고개를 가로저었어요.

돌이는 좀 실망했어요. 그러면서도 속으로는,

'쥐하고도 친해지면 얼마나 좋을까?'

라는 희망을 품어 보았죠.

그런데 아까 그 모둠 친구가 현지에게,

"쥐는?"

이라며 짓궂게도 다시 또 쥐에 관해 물어보는 것이었어요. 리코더를 만지작거리면서 말이에요.

현지는 할 말이 없었어요.

사실 현지에게 있어 가장 싫은 동물이 있었다면, 그것은 아마 쥐였는지도 모르겠어요. 쥐만 보면, 괜히 무섭고 가슴이 두근거렸거든요.

방금 동물과 친구가 되고 싶다고 말했지만, 실은 고양이가 가장 좋았고 쥐는 가장 싫어하는 동물이었어요. 그러고 보니 생각나는 것이 있었어요.

'다른 반에는 이미 나타났다고 하던데, 머리가 보인 반도 있었고, 꼬리만 살짝 보였다는 반도 있었다는데…. 아이! 징그러워라. 이를 어쩌지? 우리 반에도 쥐가 나타나면, 어떡하지?'

이런 생각 때문인지, 현지는 요즘 안절부절못했어요.

'만약 우리 반에 쥐가 나타나면, 꺄아악 하고 소리를 질러야지.'

들쥐 생각이 나면, 현지는 저도 모르게 발만 동동 굴렸지요. 속도 울렁거렸고 말이에요.

그때 선생님의 목소리가 들려왔어요.

"오늘 토론은 여기까지 하고 다음 시간에 이어서 또 해 보겠어요. 쉬는 시간이에요. 화장실에 갔다 올 사람은 갔다 오기 바랍니다.

그리고 학부모 상담 신청서를 갖고 온 학생들은 내도록 합니다. 오늘까지 제출하게 되어 있어요. 아직 안 낸 사람은 지금 내도록 합니다."

이것으로 1교시 수업이 모두 끝났지요.

우리 반에도 들쥐가 나타나면 어떡하지!

쉬는 시간에 현지는 친구들과 함께 보드게임을 했어요.

선생님께서는 학부모 상담 신청서를 다 받은 다음 날짜별로 그리고 시간대별로 정리했어요. 학부모 상담은 4월 2일부터 일주일 동안이었고, 그 시간도 한 분당 30분으로 정해져 있었죠.

주간 상담뿐 아니라 야간 상담도 있었는데, 야간 상담을 하는 날은 4월 4일 하루였고, 오후 8시까지 운영하는 것으로 되어 있었어요.

그동안 들어온 신청서를 보니, 전체 학생 21명 중 20명이 신청서를 냈고, 그중 2명은 야간 상담으로 표시되어 있었어요. 선생님은 시간대별로 정리했고, 그렇게 정리된 것을 우선 학사 달력에 표시한 다음, 약속 일자를 정했어요. 해당 학부모에게는 답글을 보내기로 했고요.

그런데 그 달력에 적혀 있는 이름을 보니, 그 어느 날짜에도 돌이라는 이름은 없었어요.

신청서를 내지 않았기 때문일까요? 아니면, 돌이가 낸 신청서를 다른 곳에 놓아둔 채, 깜빡했기 때문일까요?

 선생님은 답글을 작성하면서도 아이들이 놀고 있는 교실 뒤쪽을 가끔 둘러보셨어요. 무엇인가를 찾는 것도 같았고, 아이들이 무엇을 하며 놀고 있는지 살펴보는 것도 같았어요.

 어쩌면 함께 놀지 못하고 왕따를 당하는 아이는 없는지, 서로 양보하지 않고 싸움을 하는 아이는 없는지, 이런 것을 살펴보고 있었는지도 모르는 일이었죠.

 그런데 갑자기,

 "아차!"

 라고 하시더니 아이들을 둘러보며 이렇게 말씀하셨어요.

 "우유 당번! 우유 당번! 우유 나눠 주도록 합니다."

 선생님의 말씀을 듣고 현지에게도 떠오르는 것이 있었지요.

 '아차! 내가 이번에 우유 당번이었지.'

 현지는 친구들과 함께하던 보드게임을 멈추고는 복도로 나갔어요. 우유 상자를 들고 들어와서는, 우유 급식 명단을 보며 아이들의 책상 위에 우유를 하나씩 올려놓았죠.

 그러자 선생님께서 이렇게 말씀하셨어요.

 "자! 그만! 자리에 앉도록 합니다. 다 마시고 난 우유갑은 우유 상자에 넣도록 하고, 다 넣었으면 2교시 준비를 하도록 합니다."

 아이들은 자기 자리에 앉아 우유를 마셨어요. 그런 다음 자신의 사물함에서 과학책과 실험관찰 책을 꺼내 왔어요.

현지는 빈 우유갑이 담긴 우유 상자를 복도 끝으로 가지고 갔어요. 우유 상자만 따로 모아 놓는 곳으로 말이에요. 그곳에 그 상자를 놓고는 교실로 다시 돌아왔어요.

그런데 현지는 갑자기 무슨 생각이 들었는지, 선생님의 자리 옆에 놓여 있는 공책에 무엇인가를 적는 것이 아니겠어요?

그 공책에는 '무엇을 도와드릴까요?'라는 제목이 붙어 있었고, 누구든지 개인적인 문제나 의문점, 학급에 건의하고 싶은 내용이 있으면 자유롭게 적어 넣을 수 있었지요.

현지가 적어 넣은 내용은 다음과 같았어요.

"다른 반에는 쥐가 나왔다고 합니다. 4학년 3반에서는 머리가 보였다고 하고, 5반에서는 꼬리가 보였다고 합니다. 우리 반에 아직 나타나지 않은 것 같은데, 선생님께서는 혹시 그런 쥐를 본 적이 있으신가요?"

아무래도 지금까지 품고 있던 걱정거리를 적어 놓은 것 같아요.

현지는 그런 생각만 하면, 아니 그런 말만 들어도 왠지 모르게 속이 울렁거렸고, 불안해지는 것이었지요.

방금 적어 놓은 것도 그랬어요. 개인적으로 또는 여러 사람 앞에서 질문할 수도 있었지만, 혹시 다른 아이들이 그 말을 듣고 기분이 상하지 않을까 하는 마음에 이렇게 슬쩍 공책에 적은 것이었죠.

선생님께서는 그 공책에 쓰인 것을 보시더니, 누군가를 찾는 눈치였어요. 그 눈빛에 그 누군가의 모습이 닿자,

"현지야!"

라고 부르시며, 복도로 나오라고 손짓하는 것이었어요.

현지는 복도로 나갔어요. 그러자 걱정된다는 표정으로 현지를 바라보며,

"아직 우리 반에는 오지 않은 것 같구나."

라고 말씀하셨지요.

현지는 고개를 끄덕이고는 교실로 들어와 앉았어요.

교실로 들어가는 현지의 뒷모습을 바라보고 있으려니, 선생님의 마음에도 떠오르는 것이 하나 있었어요. 일일 교육 활동에 적혀 있던 말이었죠. '피리 부는 사나이'라는 그 말 말이에요.

이때부터는 그 낱말만이 선생님의 마음에서 구체적인 그림을 그리며 떠오르기 시작했어요.

그러고 보면 그 낱말은 아주 오래전에 읽었던 『피리 부는 사나이』라는 책에 나오는 말이었지요. 그 사나이는 많은 쥐가 소동을 벌이자 피리를 불어 그 쥐들을 모두 물리쳤는데, 그런 내용이 그때 갑자기 떠올랐던 것이었죠.

'그러면 그날 오는 그 사나이도 피리를 들고 오려나! 쥐를 몰아내기 위해.'

선생님도 이런 의문을 품고 교실로 돌아왔어요. '무엇을 도와드릴까요?'라는 공책에 어떻게 처리했는지, 간단하게 적어 넣을 때조차도 그 의문점은 머릿속을 떠나지 않고 계속되고 있었지요.

'설마! 피리를.'

그럴 리 없다고 생각했기 때문인지, 피식 웃기도 했죠. 동화의 세계도 아닌데, 그 사나이가 피리를 들고 다닐 것 같지는 않았거든요.

'아니면, 아니면…. 설마! 쥐…, 쥐약을….'

갑자기 안 좋은 예감이 들었기 때문인지, 선생님의 안색이 먹구름처럼 어두워졌어요.

한없이 사랑스럽기만 한 돌이의 모습

돌이는 바로 집으로 돌아왔어요. 다행히도 어머니는 집에 안 계셨어요.

'그러면 먼저, 내가 좋아하는 꽃의 이름을 불러 준 다음, 친구가 되어 봐야지.'

돌이는 마음을 설레며 집 앞에 있는 화단으로 나갔어요.

꽃들이 많이 피어 있었지만, 대부분은 잘 알지 못하는 꽃들이었지요. 그렇지만 이전에 어머니가 말씀해 주셨던 것을 떠올려 보니 기억나는 것도 몇 개 있었어요.

"옳지, 여기에 개나리꽃이 피어 있구나! 아니, 저기에는 붓꽃이 피었네."

큰 소리로 이름을 부르며 꽃을 살펴보았지요.

"여기에는 민들레도 피었어. 정말 예쁘다."

민들레의 아름다움에 마음이 들뜨고 빼앗기려 하는데, 마침 어머니가 돌아오시는 것이었어요.

돌이는 반가운 마음으로 어머니를 바라보며,

"엄마! 엄마! 여기 보세요. 여기에 민들레가 정말 예쁘게 피어 있어요."

라고 말했어요. 흥분된 목소리로 말이에요.

호기심이 생겼는지, 엄마도

"어디? 어디?"

라고 말하며, 주변을 두리번거리는 것이었죠.

"여기예요. 엄마!"

"어디?"

어머니는 좀 더 눈을 크게 뜨고 민들레를 찾아보았으나 찾을 수가 없었어요.

돌이는 하얗게 핀 탐스러운 민들레를 가리키며,

"여기요, 여기. 여기에 피어 있잖아요. 여기를 보세요. 엄마!"

라고 말했지요.

돌이가 작은 손가락으로 가리키는 곳을 자세히 살펴본 어머니는 빙그레 웃으셨어요. 그러고는 이렇게 말씀하셨죠.

"돌이야. 이건 민들레가 아니란다."

"아니라고요? 민들레가 맞아요."

깜짝 놀란 돌이는 고집을 부렸어요.

"이건 민들레가 아니란다."

어머니는 여전히 웃으시며 다시 또 이렇게 말씀하셨어요.

"아니에요. 이건 민들레예요."

돌이는 빙그레 웃고 계신 어머니를 바라보며, 자신의 말이 맞는다고 떼를 썼죠.

"이건 민들레가 아니라, 머위[1]란다. 머위."

"머위라고요? 아니에요. 민들레예요. 그것도 보기 드문 하얀 민들레라고요."

머위를 민들레라고 우기는 돌이를 여전히 웃음 띤 모습으로 바라보며, 어머니는 또 이렇게 말씀하였어요.

"잘 봐라. 이건 머위란다. 머위꽃은 잘 안 피지만, 한번 피면 예쁘

---

[1] 머위는 다소 습기가 있는 곳에서 무리 지어 자라나는 여러해살이풀이다. 암수가 딴 그루로 자라며 이른 봄 2월 말~3월 초가 되면, 땅속에서 줄기가 뻗어 오르면서 꽃을 피운다. 수그루의 꽃은 옅은 노란색이며 암그루의 꽃은 흰색에 가깝다. 줄기는 나물로 이용된다.

게 피지. 작은 꽃이 모이고 또 모여 하나의 큰 꽃처럼 피어난단다. 그렇지만 민들레는 그렇지 않지. 가장자리에 작은 꽃잎이 수없이 많이 붙어 있는 모습으로 피어난단다. 꽃의 색깔도 노란색이고."

"그래요? 민들레가 아니라 머위였어요? 이 꽃은."

어머니의 설명을 듣고 조금은 이해가 되었던지, 돌이는 머리를 긁적이며 수줍은 듯 말했어요. 부끄러워하는 모습을 보자, 어머니는 아들 돌이가 더욱더 사랑스럽게 보였지요.

어머니의 포근한 사랑에 힘을 얻은 돌이는 이번에도 다른 꽃을 가리키며 흥분하듯 말했어요. 알고 있는 것을 자랑하고 싶었던 모양이에요.

"엄마! 이것은 목화예요, 목화!"

"아가야. 이 꽃은 목화가 아니라 돌단풍[2]이란다."

---

[2] 돌단풍은 바위틈에서 단단한 흙을 뚫고 자라나는 여러해살이풀로, 뿌리줄기는 굵다. 잎은 뿌리에서 모여 나며, 5~7갈래로 갈라진 단풍잎 모양이고, 가장자리에 작은 톱니가 있다. 잎자루는 길다. 3~5월이면 30~50㎝ 정도의 튼튼하고 우람한 꽃대에서 하얀 꽃을 피운다. 꽃말은 생명력과 희망이다.

"아니에요. 엄마! 틀림없이 목화예요. 목화."

돌이는 다시 또 고집을 부렸지요.

이번에도 어머니는 웃음을 잃지 않은 표정으로 이렇게 말했어요.

"돌이야! 이것은 봄에 피는 돌단풍이란다."

어머니는 돌이만 보면 기분이 무척 좋았어요. 보고만 있어도 귀엽고, 이보다 더 행복할 수 없었죠.

"아니에요. 이 꽃은 목화! 목화라고요."

돌이는 더욱더 고집을 부렸지요. 이번만큼은 지지 않겠다는 듯이 말이에요.

"아니란다. 그 꽃은 목화가 아니라…."

어머니는 여전히 웃음 띤 표정으로 목화가 아니라고 말해보았지만, 돌이는 들으려 하지 않았어요.

이처럼 돌이는 계속 떼만 썼어요. 그래도 그런 돌이를 어머니는 흐뭇한 마음으로 바라볼 뿐이었지요.

이번에는 돌이가 이렇게 말했어요.

"작년에, 작년에 옆집 아저씨가 하는 말을 들었다고요. 이 꽃을 보고 목화라고 하는 걸 말이에요."

진지하게 말하는 돌이를 보며, 어머니는 또다시 크게 웃을 뻔했어요. 그렇지만 너무 진지했기 때문인지, 그런 아들을 보며 무턱대고 웃을 수만은 없었지요. 솟구쳐 나오는 웃음을 억지로 참으며 이렇게 말할 수밖에 없었어요.

"돌이야! 넌, 지금 태어난 지 3개월밖에 안 되었는데, 어떻게 작년이 있을 수 있니? 작년에 넌, 태어나지도 않았는데."

그렇지만 돌이도 지지 않고,

"엄마! 작년이란 말은 엊그제를 뜻하는 말이 아니었나요?"

라고 여쭤보는 것이 아니겠어요? 확인이라도 하듯 말이에요.

그리고 보면 작년이란 말을 엊그제라는 뜻으로 잘못 알고 있었고, 그 때문에 그 말을 썼나 봐요.

그런데 이번에는 어머니도 절로 터져 나오는 웃음을 더는 참을 수 없었던지, 크게 웃으며 이렇게 말했어요.

"작년이란 지난해를 뜻하는 말이고, 엊그제는 바로 며칠 전을 뜻하는 말이란다."

"그래요?"

이제는 돌이도 작년이란 말과 엊그제란 말의 뜻을 바르게 이해한 것 같아요. 제대로 알게 되어 기쁜지, 돌이도 온몸으로 웃었지요. 쑥스러웠던지, 머리를 긁적이며 말이에요.

어머니는 순진하기 그지없는 돌이를 한없이 사랑스러운 눈길로 바라보며,

"그렇단다."

라고 말했어요. 고개를 끄덕이며 말이에요.

"그럼, 작년이 아니라 며칠 전인 것 같은데요. 분명, 엊그제 옆집 아저씨가 하는 말을 들었거든요."

어머니는 돌이가 엊그제란 말을 바르게 쓰는 것을 보고는 또 웃음꽃을 피웠어요. 대견스럽게도 여겨졌죠.

"그랬구나! 옆집 아저씨가 그런 말을 했구나. 그렇지만 그 아저씨가 하는 말은 듣지 않는 것이 좋단다. 거짓말을 잘하거든. 그리고…."

어머니는 어리고 어린 돌이가 조심하기를 바라며 이런 말을 계속해 줬어요.

"그리고 또 뭐가 더 있어요?"

돌이는 궁금하다는 듯 여쭤봤죠.

"그러니까, 그 아저씨는 조심성이 없어요. 조심성이."

"조심성이 없다고요? 어떤 조심성이…."

돌이는 더욱 궁금해졌어요.

"길가에 뭔가 맛있어 보이는 것이 떨어져 있으면, 그냥 막 주워 먹는단다. 그 아저씨는."

어머니는 옆집 아저씨의 나쁜 버릇을 떠올리며 정말 심각하다는 표정을 지으며 말했지요.

"그래요?"

"그렇단다. 그 아저씨는 그것이 얼마나 위험한 것인지도 모른 채 그렇게 하고 있지. 그로 인해 언젠가는 큰 화를 당할 거야."

칠칠치 못한 옆집 아저씨를 생각하면 안타까운 마음도 들었지만, 어쩔 수 없는 일이었죠.

실은 옆집 아저씨보다는 돌이가 그런 것을 보고 따라 할까 봐 더 걱정되었던 것이었지요. 사랑스러운 자식이 그런 일로 인해 화를 당하기라도 하면 큰일이었으니까요.

"큰 화를요?"

돌이는 정말 그럴까 하는 의심도 들었지만, 어머니의 경험에서 우러나온 말이라는 것을 알고는 마음속 깊이 새겨 넣기로 했어요. 어머니의 걱정하는 마음이 조금은 통했나 봐요.

"그래, 조심해야 한단다. 그 아저씨가 하는 말도 조심하고, 아무런 비판 없이 곧이들으면 안 돼요. 특히, 길가에 떨어진 것을 무턱대고 주워 먹는 것도 조심해야 하고."

"예. 엄마! 길가에 떨어진 것은 더러워요. 저는요, 절대 주워 먹지 않을래요. 절대로요. 엄마!"

돌이는 굳게 다짐했죠. 엄마 앞에서 말이에요.

돌이의 듬직한 모습을 보며 어머니는 안심이 되었다는 듯 밝게 웃으셨어요.

"그래. 그럼, 그래야지. 우리 돌이는 그래야지."

어머니는 돌이의 결심을 격려하듯 머리를 쓰다듬어 주셨어요. 한없이 사랑스러운 눈길로 바라보며 말이에요.

어머니의 따스한 격려 덕분에 돌이도 기분이 좋았어요. 꽃 이름도 정확하게 알게 되어 기뻤고, 어머니의 크나큰 사랑이 느껴졌기 때문인지, 너무도 행복했죠.

돌이는 이제 이름을 제대로 알게 된 꽃들을 친구 꽃으로 삼아 보기로 했어요. 그 꽃들이 예뻤을 뿐 아니라 이름을 잘못 알고 있었던 것에 대한 미안한 마음도 있었기 때문이었지요.

실은 그런 미안함 때문에 그에 대한 보상으로 더욱더 친구가 되고 싶어졌는지도 모르는 일이었어요.

이름을 바로 알게 되었으니, 이제부터는 선생님의 말씀대로 그 꽃들하고도 우정을 쌓아 보기로 마음먹었지요.

그러면 실험용 쥐가 불쌍하잖아요

2교시를 알리는 종이 울렸어요. 종이 울렸는데도 아이들은 여전히 교실 뒤쪽에서 놀고 있었어요.

선생님께서는 계속 놀고 싶어 하는 아이들을 바라보며,

"종이 울렸어요. 과학 교과서와 실험관찰을 펴도록 합니다."

라고 말씀하셨어요.

그제야 아이들은 놀던 자리에서 일어났지요. 재미있게 놀고 있던 현지도 놀던 자리를 정리한 다음, 과학 교과서와 실험관찰을 꺼냈어요.

수업 준비가 다 되었는지, 쓰윽 둘러보신 선생님께서는 이렇게 말씀하셨지요.

"오늘은 화석에 대해, 좀 더 구체적으로 말하자면 여러 가지 모양의 지층에 대해 배우도록 하겠습니다. 교과서는 26쪽을 펴고, 실험관찰은 12쪽을 펴도록 합니다."

선생님께서 칠판에 학습 문제를 쓰려고 하는데, 바로 그때 현지가 손을 들더니 이런 질문을 하는 것이었어요.

"선생님! 지난 시간에 배운 것을 집에서 곰곰 생각해 봤는데요. 과학자들은 과학적인 탐구를 위해 동물을 이용할 때도 있다고 말씀하셨는데, 어떤 동물이 이용되는지 궁금합니다."

현지의 말을 듣고, 선생님께서는 다른 아이들의 반응도 살펴보셨어요. 그러고는 이렇게 말씀하셨죠.

"그러면, 현지가 말한 것에 대해 서로의 의견을 나눠 보도록 합시다. 먼저 과학적인 실험을 위해 가장 많이 이용되는 것은 쥐입니다. 쥐는 쥐인데, 색깔은 흰색이고 크기는 작고…."

쥐라는 말에 들쥐나 시궁창 쥐를 떠올렸는지, 현지는 눈살을 찌푸리며 다시 또 말했어요.

"흰색이고 작으면 아무런 쥐나 다 되는 건가요? 선생님!"

"그런 것은 아닙니다. 쥐는 실험용 쥐만을 사용할 수 있어요. 실험용 쥐가 아닌 것은 쓸 수가 없습니다."

"왜 쓸 수 없는지, 그것이 궁금합니다. 선생님!"

"과학실험이란 그렇습니다. 2천 번이든 2만 번이든 똑같은 실험을 여러 번 하더라도 똑같은 결과를 얻어야 하는데, 실험용 쥐를 쓰지 않으면 그 쥐로 인해 엉뚱한 결과가 나올 수도 있어서 그래요.

아무리 많은 실험을 한다고 하더라도 그 결과가 매번 달라진다면, 그것도 실험을 위해 투입된 약이 아니라 실험대상인 쥐로 인해 달라진다면, 그런 실험은 아무런 소용도 없게 됩니다.

이런 까닭으로 꼭 실험용으로 검증된 쥐만을 사용할 수 있어요. 그런 쥐를 이용하여 얻은 결과만을 보고서로 작성할 수 있고, 여러 사람 앞에서도 발표할 수 있는 것이죠.

이런 것을 과학적인 의사소통이라고 하는 겁니다. 물론 이런 것도 모두 다 지난 시간에 배운 것인데, 잘 알고 있죠?"

"예."

대부분의 아이는 힘차게 대답하며 모두 고개를 끄덕였지요. 그런데 그런 아이 중 어떤 아이가 번쩍 손을 들더니,

"선생님! 그런 쥐는, 그러니까 실험용 쥐는 얼마씩 하나요?"

라고 질문하는 것이 아니겠어요? 엉뚱하게도 리코더를 만지작거리면서 말이에요. 그렇지만 선생님은 아무렇지도 않다는 듯 대답하셨지요.

"혈통이 좋은 것은 한 마리에 20만 원도 하고, 그렇지 않은 것은 2만 원도 하고. 예, 그렇습니다. 오래전에 그런 말을 들었습니다만, 요즘에는 정확하게 얼마인지 잘 모르겠네요."

"그러면 선생님! 실험용 쥐 말고, 일반 쥐는 얼마씩 하나요?"

"일반 쥐라 하면, 들쥐나 생쥐를 말하는 것인가요?"

"예, 그렇습니다. 그런 쥐의 몸값은요?"

질문한 그 아이는 사실 속으로 '크! 큭!' 웃고 있었지요. 리코더를

손에 꼭 쥔 채 말이에요.

"선생님도 그런 것은 모르겠는데요. 사는 사람이 없으니, 파는 사람도 없을 테고…. 사고팔지 않으니 가격도 생겨나지 않을 테고…. 그 때문에 알 수 없지요."

선생님의 난처한 표정을 기대했던 그 아이는 그만, 할 말을 잃고 딴짓을 하고 있었지요. 리코더를 입에 대 보면서 말이에요.

그렇지만 현지는 이와 같은 대화를 듣고 궁금한 것이 생겼는지, 손을 들고 말했어요.

"선생님! 그러면 실험용 쥐는 오직 실험을 위해서만 태어나는 것인가요?"

"생각해 보면 그런 셈이죠. 실험용이란 말이 붙은 것을 보더라도 그렇고…."

실험용으로 태어난다는 쥐들이 있다는 말을 듣고 현지는 쥐들이 불쌍하다는 생각이 들기 시작했어요. 그렇지만 현지에게 왜 그런 동정심이 생겼는지는 아무도 모르는 일이었지요. 쥐는 정말 싫어하는 동물이었는데 말이에요.

현지는 새로 생겨난 동정심에 힘입어 다시 또 여쭤봤어요.

"안 좋게 생각하면 실험을 위해, 곧 죽기 위해 태어난다고 볼 수 있는데, 그런 것은 정말 끔찍한 일이 아닐까요?"

"그렇지만 좀 더 생각해 보면, 그렇지 않을 수도 있어요."

"어떻게요?"

현지는 자기 생각과는 다른 점이 있을 수도 있다는 생각에 선생님의 말씀에 귀를 바짝 기울였어요.

"실험용 쥐는 주로 약을 개발하는 데 이용되고 있어요. 그렇게 만들어진 약은 수없이 많은 사람을 살리는 데 사용되고 있고…. 그런 면에서 보면 인류의 발전을 위해 희생되고 있다고 볼 수 있지 않을까요?"

"그러네요. 선생님. 사람들을 위해서는….

그렇지만 쥐를 위해서는 어떤가요? 쥐들을 위해서는 아무런 도움도 되지 않고, 희생만 당하는 것이 아닐까요?"

선생님의 말씀을 들으면 들을수록 그런 쥐가 불쌍하다는 생각이 마음에 파고드는 것이었지요. 그전에는 쥐라는 말만 들어도 징그럽고 가슴이 울렁거렸는데, 선생님의 말씀을 들으면 들을수록 더욱더 불쌍하다는 생각이 드는 거 있죠? 왠지는 모르겠지만 말이에요.

"그렇습니다. 그러네요. 얘기 잘했어요. 쥐의 처지에서 보면 완전한 희생이라 할 수 있고, 불쌍하다고 할 수밖에 없어요."

잠시 쉬며 아이들을 둘러보신 선생님께서는 다시 또 말씀을 이어 가셨어요.

"암을 치료하는 약을 개발할 경우를 예로 들어 보면 그래요. 실험을 당하는 쥐에게도 똑같은 암에 걸리도록 한 다음, 그 쥐를 이용하여 실험해야 하니까요.

　그런 까닭으로 건강한 쥐도 실험을 위해서는 암에 걸려야 하고, 그런 병에 걸린 상태에서 다시 또 실험을 당해야 하고…. 그렇게 실험을 당하다가 결국에는 죽게 되는 것이지요."

　너무 불쌍하다는 생각이 들었는지, 이제는 현지도 이런 질문을 해 보게 되었지요.

　"그러면 선생님! 실험으로 이용되는 쥐들이 너무너무 불쌍합니다. 실험하지 않으면 안 되나요?"

　그리고 보면 현지에게 있어 이런 질문은 이전에는 절대로 생각조차 못 한 것이었지요.

　"그렇습니다. 실험하면 쥐들이 죽게 되고…. 실험을 하지 않으면 사람들이 병에 걸려 죽게 되는 것이죠. 이와 같은 갈림길에서 실험하는 쪽을 선택하고 있는 것이지요.

　어쩔 수 없이…. 사람들을 위해 그런 실험을 할 수밖에 없는 것이 아닐까요?"

　"방법이 없다는 말씀이신가요?"

　"그렇습니다. 인류를 위한 희생이죠. 어쩔 수 없는 일이겠지만, 바로 그 어찌할 수 없는 것에 쥐들의 고귀한 희생이 들어 있는 것이지요."

　"어쩔 수 없는 희생…. 선생님! 그러면 사람들은 그런 희생을 당한

쥐를 위해 무엇을 해 주고 있나요?"

"무엇을 해 주다니…. 그런 것은 없어요. 그저 이용만 하는 것일 뿐…."

선생님은 무덤덤한 표정으로 이런 말을 하면서도, 속으로는 보상적 차원에서 쥐들에게 해 줄 만한 것을 찾아보았으나, 찾을 수는 없었지요.

현지는 선생님께서 하시는 말씀을 듣고 있으려니, 쥐가 더욱더 불쌍하게만 느껴지는 것이었어요. 할 말을 잃을 정도로 말이에요.

그 때문인지, 현지도 선생님처럼 쥐들에게 해 줄 만한 것을 찾아보았어요. 많은 생각을 해 보았으나, 찾을 수 없었지만 말이에요.

방법은 찾지 못했지만, 이런 대화나 토론은 현지의 마음속에 많은 변화를 일으키고 있었지요. 다른 사람들과 의견을 나눠 보니 저도 모르게 더 깊은 생각을 하게 되는 거 있죠?

쥐에 대한 동정심은 실험용 쥐뿐 아니라 일반 쥐들에게도 퍼져 나갔어요. 쥐의 종류는 다르지만, 마음은 그만큼 더 넓어지는 것이었죠.

정말 마음이 더 넓어졌기 때문일까요? 이런 생각이 마음에서 솟아나더니 잊히지 않는 것이었어요.

'쥐가 사람들을 위해 그렇게 많은 희생을 당해 왔다니…. 그에 알맞은 보상을 해 주는 것은 당연한 일이 아닐까?'

그렇지만 아직은 잘 모르는 일이었어요. 마음이 넓어졌다고 하더라도 그것이 곧바로 행동으로 나타나는 것은 아니었으니까요.

지금 당장이라도 쥐가 눈앞에 나타난다면, 어떤 반응을 보여야 할지 아직은 정해진 것도 없었고 말이에요.

현지에게 이 문제는 정말 어려운 문제였어요. 어쩌면, 여전히 "꺅!" 하는 소리를 지르며 도망칠지도 모르는 일이었죠.

어느 정도는 이해하고 있었지만 말이에요. 그 정도의 마음만으로는 아직도 부족한 점이 많았거든요.

"자! 그러면 여러 가지 모양의 지층에 대해 배우도록 하겠습니다. 지난 시간에 이어 많은 의견을 나눠 봤고, 좀 더 깊이 있게 공부를 하게 되어 잘되었다고 생각합니다. 앞으로는 동물들의 희생을 가슴 아프게 생각하며, 그런 동물들의 행복을 위해 우리는 어떤 일을 할 수 있는지 생각해 보도록 합니다. 그러면 지층에 대해 잠깐 보도록 하겠어요. 26쪽을 펴 주시길 바랍니다."

이 말을 하자마자, 공교롭게도 2교시가 끝나는 종이 울렸어요.

그렇지만 현지의 마음에서는 아주 작은 변화들이 계속 일어나고 있었지요.

'동물들의 행복한 삶을 위해 우리는 무엇을 할 수 있을까?'

현지도 이제는 이 문제에 대해 생각해 보게 된 것이었죠. 그중에서도 자신이 좋아하는 동물뿐 아니라 좋아하지 않던 동물에 대해서도 생각해 보게 된 것이었지요.

리코더를 든 아이의 횡포

2교시 쉬는 시간이 되자, 아이들은 다시 또 교실 뒤로 가서 보드게임도 하고 카드놀이도 했어요.

현지도 교실 뒤에서 보드게임을 하고 있었지요.

중간놀이 시간이라 20분 정도는 놀 수 있었어요. 아이 중에는 '무궁화꽃이 피었습니다.'라는 놀이를 하는 아이들도 있었고, 공기놀이 하는 아이들도 있었어요.

그리고 몇 명은 종이접기를 하고 있었고, 책을 읽고 있는 아이들도 있었지요.

선생님은 아이들이 어떤 놀이를 하는지 살펴보고 있었어요. 특히, 어려움을 겪고 있는 아이들이 없는지, 위험한 놀이를 하거나 뛰어다니는 아이들은 없는지….

지난번에는 책상 위에 올라가 노래를 부르는 아이가 있었는데, 그 아이가 이번에는 어디에서 무엇을 하고 있는지 주의 깊게 살펴보고 있었지요. 그랬더니, 그 아이는 교실 뒤쪽에 설치된 사물함 위에 걸

터앉아 리코더 연습을 하는 것이 아니겠어요?

연습이 잘 안 되는지, 그 아이는 불고 있던 리코더를 위로 들어 올리더니 마구 흔들어 대는 것이었어요. 다른 아이들이 옆에 있는데도 말이에요. 그런 것에는 전혀 아랑곳하지 않고 마구 흔들어 대기만 하는 것이었죠.

그 아이 옆에 있던 현지는 자신에게도 물방울이 튀었는지 이맛살을 찌푸렸어요.

사실을 말하자면, 그 아이가 흔들어 대는 리코더에서는 물방울이 아니라 침이 많이 튀고 있었지요.

그 물방울이 무엇인지 알았기 때문인지, 화가 난 현지는 이렇게 말해 보았어요.

"침이 튀었잖아."

"내가 뭘, 어쨌다는 거야."

리코더를 흔들고 있던 그 아이도 지지 않고 현지를 째려보며 대꾸하는 것이었어요.

심상치 않은 낌새를 눈치챈 선생님이,

"두 명 모두 이쪽으로 나오세요."

라고 말했어요. 아이들은 입을 삐죽 내밀며 선생님 앞으로 나왔지요.

그러고 보면 요즘 아이들은 잘못했어도 사과하기는커녕 발뺌이나 변명하기 일쑤였죠. 어쩌면, 선생님 앞으로 불려 나오는 게 두려워 본능적으로 그러는 것인지도 모르는 일이었지만, 리코더를 든 이 아이는, 그런 경우는 아닌 것 같았어요.

또 어떨 때는 선생님이 지켜보고 있다는 것을 뻔히 알고 오히려 소리 높여 말다툼하는 아이들도 있었지요. 일부러 말이에요. 그런 아이들의 마음을 들여다보면 이러했죠.

'소리 높여 말다툼해야 선생님의 관심을 끌 수 있고, 관심을 끌 수 있어야 선생님께서 자신을 부르고, 그런 식으로 불려 나올 수 있어야 비로소 자신의 변명도 그럴듯하게 할 수 있다.'

리코더를 든 이 아이도 그러고 보면 이와 같은 생각을 하고 있던 것 같았어요. 일부러 흔들어 댄 것 같았거든요.

그렇지만 그 아이도 나올 때는 잔뜩 투덜거리며 나온 거 있죠? 너무 가까이 다가왔기 때문인지, 선생님은 그 아이를 바라보며 이렇게 말했어요.

"여기에 그어 놓은 이 선을 넘어오면 안 된다. 이 선의 안쪽은 선생님만의 공간이기 때문에 조금 밖으로 물러나 주지 않겠니?"

그 아이는 뒤로 물러나며 아주 신경질적으로 말했어요.

"선생님! 저는 이 리코더를 그냥 흔들었을 뿐이에요. 전 아무런 잘못이 없어요. 그렇게 흔들고 있는데, 현지가 내 옆에 와서는, 침이 튀었다고 하면서 시비를 걸지 뭐예요. 선생님! 전 억울합니다. 이 억울함을 꼭 좀 풀어 주세요."

눈물이 고여 그렁그렁한 그 아이의 눈동자를 살펴보며 선생님은 알았다는 듯 고개를 끄덕였죠.

이번에는 현지를 바라보며,

"어떻게 된 일인지, 네가 한번 말해 보렴."

이라고 말했어요.

현지도 선생님을 보며 자신의 의견을 또박또박 말했죠.

"저는 처음부터 그 자리에서 보드게임을 하고 있었는데, 얼굴에 뭔가가 떨어지지 뭐예요. 뭔가 해서 손으로 닦아 봤더니, 물방울이었어요. 물방울….

이상하다 싶어 위를 바라보니, 이 애가 리코더를 흔들고 있지 뭐예요. 그렇게 흔들고 있는 리코더에서 물방울이 떨어진 것이었고, 그 물방울은 알고 보니 이 애의 침이었던 거예요. 저 애의 더러운 침이 말이에요.

저뿐만 아니라 다른 애들한테도 떨어졌고, 교실 바닥에도 떨어져 지저분해졌는데, 저 애는 사과는커녕 안 그랬다고 하면서 시치미를 떼지 뭐예요."

말을 마친 현지는 정말 억울하다는 듯 얼굴을 붉히고 있었어요. 선생님은 씩씩거리며 말하고 있는 현지를 바라보며 알았다는 듯 고개를 끄덕였죠.

선생님은 두 아이의 표정을 살피며, 그 아이들이 하고 싶은 말을 다 듣고 난 다음, 두 아이를 향해 말했어요.

"칠판 옆에 쓰여 있는 우리 반의 규칙이 무엇인지, 다시 한번 살펴보고 읽어 보길 바란다."

화가 난 두 아이는 칠판 옆을 보았어요. 그곳에는, '수업 준비를 잘 합니다.'라는 말이 쓰여 있었고, 그 밑에는 '친구들과 사이좋게 지냅니다.'라는 말이 쓰여 있었지요.

두 아이가 소리 내어 읽어 보자 선생님께서는 이렇게 말했어요.

"사이좋게 지내려면 어떻게 해야 할까? 각자의 처지에서 생각해 보고, 자신의 행동을 되돌아봅니다."

그렇지만 리코더를 든 그 아이는,

"뭘 되돌아보라고 하는 건지 모르겠어요. 선생님! 저는 잘못한 게 없어요."

라고 말할 뿐이었죠.

"누구의 잘잘못을 가리기 위해 하는 것이 아니라, 자신의 행동을 되돌아보고, 학급 규칙에 맞게 행동했는지 아닌지를 살펴보려 하는 것이다. 그럼으로써 좀 더 좋은 아이를 향해 나아가고자 하는 것이지. 다른 뜻이 있어 그런 게 아니니, 오해는 하지 않기를 바란다."

그래도 반성하는 기색을 전혀 보이지 않자, 다시 또 이렇게 말하는 것이었어요.

"네가 잘못했기 때문에 이런 말을 하는 것이 아니란다. 방금 네가 한 행동을 학급 규칙에 비춰 보려 하는 것일 뿐이다. 규칙에 맞는 행동이었는지 아니었는지를."

그러자 리코더를 든 아이는,

"아무튼, 저는 잘못한 게 없어요."

라고 말하고는, 고개를 다른 곳으로 돌려 버렸지요. 자신과는 관계없는 일이라는 듯이 말이에요.

그 아이들은 나의 친구가 아니야!

자신의 행동을 뒤돌아보려 하지 않는 그 모습을 본 선생님은 생각에 잠겼어요.

'어떻게 해야 이 아이의 마음을 좀 더 아름답게 가꾸어 줄 수 있을까?'

생각을 좀 하시는 듯하시더니, 이렇게 말문을 여셨지요.

"음, 네가 한 말 중 사실과 다른 부분을 말해 볼게. 네가 리코더를 흔들 때 네 주변에 다른 아이들은 없었고, 현지가 일부러 그곳으로 왔기 때문에 튄 침에 맞았고, 침에 맞은 현지가 다짜고짜 시비를 걸었다고 했는데, 사실은 그렇지 않지.

현지는 네가 그곳에 있기 이전부터 그곳에서 보드게임을 하고 있었어. 그러고 보면 네가 먼저 그곳에 있었던 것도 아니고, 현지가 일부러 그쪽으로 간 것도 아니었지.

그런데도 너는 네가 먼저 그곳에 있었다고 말하는데, 너의 그 말은 사실과 다르단다. 이런 까닭으로 그다음에 네가 한 말도 모두 사실과 맞지 않는다고 보는데…. 그렇지 않니?"

그랬더니, 이번에도 그 아이는 그 말을 인정하려 하지 않고 이렇게 말하는 것이었어요. 얼굴을 붉히며 말이에요.

"아니, 선생님! 그럼 제가 거짓말이라도 하고 있다는 거예요? 어떻게 제 말은 들어 주지 않고, 현지 말만 믿고 저를 거짓말쟁이 취급을 할 수 있는 거죠? 그것은 편견이에요. 제 말은 사실이고, 거짓말이 아니에요.

거짓말하는 애는 따로 있어요. 그러니까 현지가 한 말이 모두 거짓말이에요. 현지가 한 말이 다…. 그런 현지의 말만 듣고 그러시면 안 된다고 생각합니다. 선생님!"

"현지가 한 말만 듣고 그러는 것이 아니란다. 현지뿐 아니라 현지와 같이 보드게임을 하고 있던 아이들의 말도 들어 봤고, 선생님도 이 자리에서 너의 행동을 계속 지켜보고 있었기 때문에 그렇게 말하는 것이란다."

"선생님! 너무하시네요. 아니, 어떻게 저만 그렇게 지켜볼 수 있어요? 다른 아이들도 말썽을 부릴 때가 많은데, 저만 미워하시면 그것 또한 편견 아닌가요?"

"너만 지켜본 것이 아니니, 오해는 하지 않길 바란다. 다른 아이도 다 똑같이 지켜보고 있단다. 너만 특별히 지켜볼 이유는 없지. 그리고 네가 하는 행동이 다른 아이들에게 피해를 줬고, 현지는 그에 대해 너에게 말해 준 것이란다. 그런데 넌 그런 사실을 인정도 하지 않고, 사과도 하지 않고, 오히려 현지의 잘못으로 돌리며 싸움을 하려 했지. 그 때문에 두 사람을 다 부른 것일 뿐이란다."

"그러면 선생님! 제가 다른 아이들에게 피해를 주기 전에 불렀어야지, 피해를 주고 싸움이 일어나니까 보란 듯이 부르면 뭘 어쩌자는 거예요. 너무하시는 거 아니에요?"

"선생님이 너무하는 게 아니라, 이렇게 억지를 부리는 네가 오히려 너무하다는 생각이 드는데….

그리고 그때 바로 널 부르지 않은 것은 너희들에게 스스로 해결해 볼 기회를 주기 위함이었지. 그런데 넌, 현지의 말을 들으려 하지 않았고, 너의 주장만을 내세웠다. 그렇지 않니?

지금도 이렇게 선생님의 말씀을 들으려 하지 않고, 네 주장만이 옳다고 내세우고 있고 말이야. 그러니 너의 인성을 어떻게 바르게 키워 줘야 할지 모르겠구나."

"그러면 제 잘못만 있고, 현지의 잘못은 없다는 말처럼 들리는데, 왜 현지의 잘못에 대해서는 말씀하지 않으시나요?"

"말을 하지 않으려는 것이 아니란다. 널 이해시키기 위해 말이 길어졌을 뿐이고, 그러다 보니 현지하고는 말할 틈이 없었을 뿐이지. 시간이 있으면서 말을 하지 않은 것이 아니니, 괜한 오해는 하지 않기를 바란다."

한참을 실랑이한 끝에 리코더를 든 그 아이는 자신의 행동을 뒤돌아보기 시작했죠. 그렇지만 학급 규칙을 어떻게 어겼는지는 잘 알지 못하는 것 같았지요.

친구와 사이좋게 지내라고 했지만, 그 아이에게 현지는 그런 친구가 아닌 것 같았어요. 같은 반에 있는 아이였을 뿐 친구는 아니었죠. 친구가 아니었기 때문에 사이좋게 지내야 할 이유도 없었고 말이에요.

그리고 그 아이는 현지와 같은 아이들과는 친하게 지내는 방법도 알지 못했지요.

그 때문인지, 그 아이는 이렇게 말하는 것이었어요.

"선생님! 전 아무리 생각해 봐도 뭘 잘못했는지 모르겠어요."

선생님은 그 아이를 상대로 친구란 어떤 사람인지, 사이좋게 지내는 것은 어떻게 하는 것인지에 대해 말씀을 해 주셨어요. 한동안 말이에요.

그런 다음, "오늘 일어난 일에 관해 써 봅시다."라는 종이를 꺼내더니, 그곳에 오늘 일어난 일에 대해 써 보라고 했죠.

그리고 그 종이에 쓰인 것을 보고는 그 아래에 있는 '선생님의 지도 내용'란에 '친구란 누구이고, 어떻게 지내야 하는지'에 대해 자세히 써 넣으셨어요.

"자! 그러면 앞으로는 규칙을 잘 지키도록 하고, 이 종이의 마지막

부분을 보면 '부모님의 지도 내용'이란 칸이 있어요. 오늘 일어난 일과 선생님의 지도 내용을 말씀드린 다음, 부모님이 지도해 주신 내용을 듣고, 그 내용 또한 그 칸에 써 달라고 합니다."

"'부모님의 지도 내용'은 부모님이 직접 쓰는 것인가요? 아니면, 그 내용을 듣고 제가 써도 되는 건가요?"

"부모님이 직접 쓰는 것이란다."

"네에엥."

그 아이는 무덤덤하게 대답하면서도, 속으로는 '부모님께 들었다고 하면서 내가 그냥 대충 쓰려고 했는데.'라는 생각을 하고 있었는지도 모르겠어요. 시간이 좀 지나자,

'괜히 질문했네. 모른 척하고 내가 슬쩍 써 넣으면 되는 것이었는데.'

라는 생각도 들었어요. 그러고는,

'두고 보자. 언젠가는…. 이 리코더로 본때를 보여 줘야지.'

라는 생각도 흘러갔죠. 특히, 리코더 때문에 혼이 났다고 생각하니 더는 참을 수가 없었던 것이었지요.

그리고 '왜 그런 행동을 했는지 그 이유를 써 봅시다.'라는 칸에는 '그냥요.'라는 말이 쓰여 있었어요.

감쪽같이 사라진 옥수수 네 알

이번에는 현지를 돌아보셨어요. 그러고는 무엇을 잘못했는지 반성해 보라고 했죠.

그러자 현지는,

"저는 친구에게 얼굴을 찌푸리며 큰 소리로 말한 것이 잘못되었다고 생각해요. 선생님!"

이라고 대답하는 것이었어요.

"그래."

선생님은 고개를 끄덕이셨어요.

"상대방이 잘못한 줄은 알았지만 그렇다고 해서 시비를 걸듯 따진 것은 잘못되었다고 생각합니다. 선생님! 다시는 그렇게 하지 않겠어요."

"그래. 좋은 생각을 했구나!"

"상대방의 감정을 건드리지 않고 말하는 것이 중요하다는 것을 알게 되었어요. 그런 것이 바로 사이좋게 지내는 방법이라는 것을요.

선생님!"

"좋다."

선생님은 현지에게도 '오늘 일어난 일에 관해 써 봅시다.'라는 종이를 내준 다음, 써 오도록 안내했어요.

'선생님의 지도 내용'도 적어 주셨어요. 그런 다음, 부모님의 지도 내용을 듣고 그 종이에 직접 써 주신 것을 다시 가져오도록 안내하는 것이었지요.

두 아이를 돌려보낸 다음, 선생님은 이 일을 학급 운영 공책에 간단하게 정리했어요.

그런 다음, 해당 학부모님께 전화하여, '왜 다투었고 어떻게 지도했다.'라는 내용을 알려 드렸지요. 물론 가정에서도 잘 지도해 주시고, 지도 내용을 자녀 편에 보낸 종이에 적어 달라는 부탁도 드렸고요.

내일 그 아이들이 그 종이를 가져오면, 부모님이 적어 주신 내용을 확인해 보고, 격려의 말도 해 줄 거예요. 아이들 간에 다툼이 일어나면, 큰일이든 작은 일이든 선생님은 이렇게 처리했죠.

'이를 어쩌지?'

그러고 보면 선생님에게도 고민이 하나 있었어요.

지난번에 볶은 옥수수 몇 알을 교실 바닥에 흘린 적이 있었는데, 그 옥수수 알들이 보이지 않는 것이었지요.

대략 열 알 정도 흘린 것 같은데, 그중에서 다섯 알은 그 즉시 주워 휴지통에 버렸으나, 나머지 다섯 알은 그렇게 하지 못했거든요.

다섯 알은 교실 바닥과 벽 사이의 틈으로 들어간 것 같았어요. 아무리 꺼내려 해도 꺼낼 수 없어, 그때는 그냥 그렇게 둘 수밖에 없었지요.

그런데 오늘 아침, 다시 찾아보니 한 알밖에 보이지 않는 것이었어요. 네 알이 어디로 사라졌는지 보이지 않는 것이었죠.

다른 반에 쥐가 나타났다는 말을 듣고 우리 반에도 그분이 들어왔는지 확인해 보려 한 것이었는데, 아무리 찾아봐도 한 알밖에 보이지 않는 것이었어요.

'네 알이 보이지 않으니…. 왔다 간 걸까?

우리 반 아이들이 치웠다고 볼 수도 없고…. 그렇다고 하여 다른 반의 누군가가 우리 반에 들어와 치웠다고는 더더욱 볼 수 없고.

그분밖에 없는데, 그분. 감쪽같이 치워 버릴 분은.

그리고 한 알이 더 남아 있으니…. 그것도 먹겠다고 다시 오면 어떡하지? 그 한 알 때문에 진짜 오면, 그땐 어떡하지?

그것도 공부하는 시간이나 학부모 공개수업 시간에 나타나면 큰일인데….'

이 일만 생각하면 마음이 편치 않은 것이었죠.

한번 기억에 남아 있는 것은 잘 잊히지 않는 법이었거든요. 특히 그 기억이 맛 좋은 어떤 것이라면 더더욱 잊힐 까닭이 없었지요. 그런 것은 사람이나 쥐나 마찬가지이지 않을까요?

그렇다면 그 쥐가 다시 나타날 가능성은 아주 크다고 볼 수밖에 없었어요. 그 때문에 이토록 걱정하고 있었는지도 모르는 일이었죠.

그렇다고 하여 그 쥐가 들어왔다는 가정하에 '피리 부는 사나이'를 보내 달라고 요청할 수도 없는 일이었어요. 그러면 그 쥐는, 죽게 될 것이 뻔했기 때문이었지요. 물론 왔을 때만 해당하겠지만 말이에요.

아무리 미워하고 좋아하지 않는 동물이라 하더라도 그 동물 역시 생명을 가진 것은 틀림없었어요. 생명이 붙어 있는 것을 죽게 할 수는 없는 일이었거든요.

'아무리 보기 싫은 동물이라고 하더라도 이 땅에서 살 권리는 가진 것이 아닐까? 그 권리를 함부로 빼앗는 것도 좋지는 않을 것 같고.

우리 반 교실에는 제발, 오지 않았으면 좋으련만.'

오지 않기를 간절히 바라는 마음에서 선생님은 지난번에 흘린 옥수수 알을 다시 찾아내어 없애려 한 것이었지요.

마지막 한 알이 바닥과 벽 사이의 틈에 끼어 있어 잘 보이지는 않았지만, 자를 이용하여 가까스로 빼낸 다음, 비닐봉지에 넣었어요.

비닐봉지도 그 입구를 꽁꽁 묶었지요. 냄새가 새어 나오지 않도록 말이에요. 그 냄새를 맡고 다시 찾아온다면 지금까지의 노력은 물거품이 되고 마는 것이었으니까요.

비록 한 알이지만 그대로 남겨 둔다면 그로 인해 다시 또 올 수도 있는 일이었거든요. 그런 까닭으로 이런 노력도 마다하지 않고 한 것이었죠. 그것도 아주 철저하게 말이에요.

그리고 이 기회에 겉으로 보이는 쥐구멍이란 쥐구멍도 모두 찾아내어 막아 버렸어요.

다 막고 보니 마음이 좀 놓이기는 놓였지만, 그래도 걱정이 다 사라진 건 아니었어요.

'모든 걸 치워 버리고 막아 버린 사실을 그 쥐가 알 까닭이 없지 않은가?

그분의 머릿속에 아직도 맛있는 먹잇감이 남아 있는 것으로 기억되고 있다면 그것만으로도 충분하다. 올 가능성은….

다시 찾아올 가능성은 달콤한 기억만으로도 충분하지 않은가?'

실은, 이런 분석이 선생님의 마음을 왠지 모르게 불안하게 만들고 있던 것이었죠.

점점 더 그리워지는 옥수수 한 알

돌이는 늘 보던 '돌단풍'과 '머위'에게 너무 미안했어요. 이름을 잘못 알고 있었고 잘못 부르고 있었거든요.

'무엇인가 해 줄 수 있는 것이 없을까?'

생각에 잠긴 돌이는 이리저리 돌아다녔어요. 친구들도 보고 싶었지만, 꾹 참았지요. 생각이 떠오르지 않을 때는 돌단풍 옆에 서서 하늘을 올려다보기도 했고요.

돌단풍 옆에 노랗게 피어 있는 개나리꽃을 올려다보기도 했고, 힘겹게 꽃을 내민 민들레의 새싹에도 말을 걸어 보기도 했어요.

"넌, 참 예쁘다. 어쩜 이렇게 예쁜 꽃을 피울 수 있지?"

돌이는 노란 꽃을 피운 민들레에게 물어보았지만, 민들레는 해님처럼 방긋방긋 웃고만 있을 뿐 아무런 대답도 하지 않았어요. 삐졌는지 아무리 말을 걸어 봐도 아는 척도 하지 않는 거 있죠?

돌이는 그런 민들레를 상대로 시간을 낭비하고 싶지는 않았어요. 그래서 그곳을 떠나 다른 곳을 향해 어슬렁어슬렁 발걸음을 옮겼죠.

주변을 둘러보니 민들레꽃 옆에는 진달래꽃이 피어 있었고, 그 옆에는 커다란 모과나무도 자라나고 있었어요. 모과나무 뒤에도 어떤 꽃이 피어 있었고요. 그 꽃이 어떤 꽃인지 궁금해진 돌이는 그쪽으로 다가갔어요.

그런데 그때 마침 좋은 생각이 떠올랐죠. 이를테면, '이제부터는 돌단풍과 머위를 나의 소중한 친구로 생각하고, 그 친구들을 위해 시를 한 편 지어 주자.'라는 생각이 말이에요. 마침내 돌단풍과 머위를 위해 해 줄 수 있는 것을 찾아낸 것이었지요.

'선생님도 그러셨잖아. 자신의 생활 속에서 느낀 점을 솔직하게 표현할 수 있다면 그것이 곧 훌륭한 시가 되는 것이라고. 그렇지 그래. 지금의 이 느낌을 시에 담아 보자. 그러면 분명 돌단풍도, 머위도 좋아할 거야.

얼마 안 있으면 학부모 공개수업이 다가오는데, 그때도 그럴 거야. 그렇게 쓴 시를 친구들과 부모님들 앞에서 발표하면 모두 좋아할걸. 모르긴 몰라도 잘 썼다고 하면서 감탄하실 거야. 선생님도 칭찬해 주실지도 몰라.'

지금의 이 느낌을 시로 써 보는 것은 정말 좋은 생각처럼 느껴졌지요. 돌이는 모과나무를 한 바퀴 돈 다음 다시 돌단풍과 머위가 있는 곳으로 돌아갔어요.

그곳에서 돌단풍을 다시 한번 자세히 살펴보았어요. 돌단풍에는 끝이 뾰족하고 넓은 잎이 여러 장 붙어 있었고, 그 가운데에는 길쭉하게 생긴 줄기 하나가 나와 있었어요. 굵고 긴 줄기가 하늘을 향해 힘차게 솟아 있는 것이었어요. 그리고 그 끝에는 또 무언가 뭉뚝한 것이 달려 있었죠. 보면 볼수록 신기하기만 한 어떤 것이 말이에요.

돌이는 그 돌단풍을 바라보며 이렇게 물어보았어요.

"돌단풍아! 돌단풍아! 너의 그 커다란 잎 옆에 나온 거 있잖아. 막대같이 길쭉하게 생긴 거 말이야. 그게 뭔지 몰라 그러는데, 그게 뭔지 가르쳐 주지 않을래?"

그렇지만 아무리 기다려 봐도 돌단풍의 대답은 들려오지 않았어요. 조금은 실망스러웠지만 그렇다고 하여 그런 기색을 내보일 수는 없는 일이었죠.

돌이는 돌단풍을 좀 더 지켜보면서 좋은 점을 찾아보았어요.

긍정적인 마음으로 봐서 그런지 이번에는, 좀 더 좋은 생각이 떠오르는 게 아니겠어요?

'아! 그렇구나! 참 멋진데. 돌단풍 잎이 바람에 살랑살랑 흔들리는 모습이란 마치 하늘로 날아오르는 것처럼 보이잖아.

나도 돌단풍처럼 날아가고 싶어! 그러면 얼마나 좋을까?'

돌이는 좋았어요. 날고 싶다는 상상만으로도 가슴이 뛰고 설레는 것이었죠.

'정말 그러네. 언제인지는 모르겠지만, 선생님께서도 그러셨잖아.

나무나 꽃을 친구로 사귀면 좋다고 하셨는데, 정말 이렇게 좋을 줄은 꿈에도 몰랐는걸.'

조금 지나자 이런 생각도 솟아났어요.

'친구란 참 좋구나. 생각하는 것만으로도 좋아.'

돌이는 친구란 말만으로도 행복했어요. 새 친구가 생겨서 좋았고, 그 친구와 이렇게 놀 수 있어 즐거웠죠. 그 때문인지, 오랜만에 맛보는 행복한 시간이었지요.

행복에 젖어 있어 그런지, 4학년 1반 친구들과 선생님이 보고 싶다는 생각도 들었지요.

지금까지는 누구도 돌이에게 아는 척을 한다거나 놀아 주지도 않았지만, 그래도 왠지 모르게 보고 싶어지는 것이었어요.

너무도 행복했기 때문일까요? 그럴지도 모르겠어요. 그렇지만 꼭 그런 것만은 아닌 것 같았어요. 곰곰 생각해 보면 또 다른 이유도 있을 것만 같았거든요.

'선생님께서는 옥수수 알도 먹으라고 주셨는데.'

돌이의 마음에는 벌써 지난번에 갔을 때 들었던 좋은 기억들이 떠오르고 있었지요.

'네 알만 먹고 한 알은 그냥 남겨 놓고 왔는데, 지금도 그곳에 있을까? 어둡고 구석진 그곳에.'

너무 맛나게 먹어 그런지, 그 옥수수 알이 더욱더 보고 싶어졌어요. 구수한 냄새와 향긋한 그 맛을 어떻게 잊을 수 있을까요? 그 때문에 그때의 그 기억만으로도 입안에서는 벌써 군침이 돌고 있었죠.

'맛있었는데.'

남겨 놓고 온 그 옥수수 알이 점점 더 그리워졌어요.

'또 먹고 싶다!'

먹고 싶은 생각 때문인지, 아이들도 또 보고 싶어지는 것이었어요. 왠지는 모르겠지만 말이에요.

'지금쯤 무엇을 하고 있을까?'

방금 돌아왔지만, 다시 보고 싶어지는 데는 어쩔 수 없었지요.

'언제쯤 다시 또 가 볼 수 있을까? 지금 다시 가 볼까?

아니지. 아니야. 시도 아직 못 썼는걸.'

4학년 1반 교실에 가 보고 싶은 마음에 돌이의 가슴은 마구 뛰었어요. 그런 기대감만으로도 행복했죠.

혹시 그분이 다녀간 것은 아닐까?

3교시 시작을 알리는 종이 울렸어요.

3교시는 창의적 체험활동 시간이었지요. 그 시간에는 음악실로 이동했고, 그곳에서 리코더를 배웠어요.

현지는 음악책과 공책, 리코더를 준비하여 교실 뒤쪽에 줄을 섰어요. 이동할 때는 남자 1줄, 여자 1줄로 줄을 선 다음 줄을 맞춰 걸어갔죠. 오른쪽으로 말이에요.

다행스럽게도 음악실은 현지네 교실과 같은 층에 있었기 때문에 이동하는 데 그리 큰 어려움은 없었어요.

앞문을 닫고 교실의 형광등을 끄신 선생님께서는 뒷문 앞에 서서 이렇게 말씀하셨어요.

"음악실로 이동하도록 하겠습니다. 이동할 때는 떠들거나 한눈팔지 않습니다. 앞을 보고 자연스럽게 걷도록 합니다. 새치기하거나 앞사람을 밀면 안 돼요. 모두 안전하게 이동하도록 합니다. 마지막으로 나오는 학생은 나오면서 뒷문을 닫아 주세요. 자! 그러면 출발하겠습니다. 출발!"

키 순서대로 서 있던 아이들은 선생님을 따라 복도로 나갔어요.

그런데 지난번에 리코더를 흔들다 혼이 난 그 아이는 리코더를 입에 대더니,

"삑!"

다시 또,

"삑!"

하는 소리를 내며 걷고 있는 것이었어요.

선생님께서는 소리 나는 쪽을 바라보며 말씀하셨지요.

"이동하는 중에는 리코더를 불지 않습니다. 손에 들고 이동하도록 하세요."

그렇지만 그 아이는 들은 척도 하지 않았지요. 소리를 내지는 않았지만, 리코더는 여전히 입에 댄 채 이동하고 있었어요. 불지는 않고 부는 시늉만 하는 것은 괜찮다고 생각했던 모양이에요. 입에 대고 가는 것 자체가 위험한 행동이었는데도 말이에요.

아이들은 모두 음악실로 들어갔어요. 중간쯤에 서서 이동하던 현지도 음악실로 들어가 자리에 앉았어요.

음악실에서도 자리는 자기 반 교실의 자리와 같은 위치에 앉게 되어 있었지요. 자리에 앉은 아이들은 책을 편 다음 리코더로 '고운 꿈'을 연습했죠. 그 소리를 들으며 선생님은 다시 교실로 돌아왔어요.

자리에 앉아 컴퓨터의 화면을 바라보고 있으려니, 어떤 메시지가 들어오는 것이 아니겠어요?

얼른 열어 보니, "교육과정 연수 4시 20분, 직원회의실"과 "도서실에서 도움을 주실 학부모님들 명단을 3월 28일 오후 4시까지 제출해 주십시오."라는 내용이었지요.

그 내용을 보고 지금까지 들어온 '학부모회 가입 신청서'를 살펴보니, 도서실에서 봉사하려 하는 학부모님은 1명밖에 없었어요.

4학년에 배당된 인원은 한 학급당 2명 이상이었지요. 1명이 부족했죠. 한 분 더 신청해야 명단을 보낼 수 있을 것 같았어요.

선생님은 '명단을 보내는 날까지는 아직도 시간이 남아 있으니까.'라는 생각으로 명단은 다음에 보내기로 했죠.

그다음에는 학부모 공개수업 시간에 하기로 한 국어 수업에 대해 생각해 보았어요. 어떻게 수업을 진행해야 할지 고민이 되었기 때문이었지요. 수업의 목표를 달성할 수 있어야 할 뿐 아니라, 오신 분들 모두에게 만족감을 줄 수 있는 수업이 되지 않으면 안 될 것 같았거든요.

그런 관점에서 먼저 각자 써 온 시를 어떻게 발표하게 할지부터 생각해 보았어요. 모두 발표하게 할지, 아니면 잘 쓴 시만을 골라 발표하게 할지를 말이에요. 어느 쪽이 더 좋을지 생각을 해 봐야 할 것 같았거든요.

'그래도 각자 정성 들여 써 왔을 텐데…. 세련되게 쓰지는 못했을지라도 그곳에는 그 아이 나름의 멋과 맛이 들어 있으니 더 좋지 않을까? 역시 모두에게 기회를 주는 편이 좋겠어.'

여러모로 생각해 보니, 모두에게 기회를 주는 편이 더 좋을 것 같다는 쪽으로 의견이 기울어졌지요.

'모두에게 발표할 기회를 주고, 왜 그런 시를 쓰게 되었는지 그 이유도 말해 보는 시간을 가져 보면 좋을 것도 같고….'

시를 쓰게 된 배경이나 까닭을 알아보는 것도 그 아이를 이해하는 데 좋을 것 같다는 생각도 들었지요.

'자기 생각을 자신 있게 발표할 수 있도록 도와주는 것이 선생님의 역할인 것도 같고….'

다양한 입장에서 생각을 해 봤죠. 심지어는 이런 생각도 해 보았어요.

'부모님들뿐 아니라 다른 친구의 부모님들도 많이 오실 텐데, 창피를 당하게 할 수는 없지.'

선생님은 반 아이들 모두가 자신 있게 발표할 수 있도록 도와주고 싶었어요.

'그리고 자기 자녀만 발표를 못 하게 되면, 그것도 너무 못 써서 못 하게 되면 그 부모의 마음은 얼마나 아프실까?'

선생님은 부모님의 마음도 헤아려 각자 써 온 시를 검토해 보고 부족한 부분은 보충 지도를 하는 것으로 마음먹었어요. 이 결정을 다시 한번 검토해 보니, 역시 모두에게 도움이 되고, 즐거운 시간이 될 수 있을 것 같았지요.

잘될 것 같다는 생각에 편안한 마음으로 웃음 짓고 있는데, 갑자기 이상한 소리가 들려오는 것이 아니겠어요? 처음 들어 보는 어떤 소리가 말이에요.

"부스럭! 부스럭!"

귀가 번쩍 뜨였어요. 가슴도 쿵쾅댈 정도로 뛰었죠.

'혹시 그분이 오신 것은 아닐까?'

들쥐가 떠올랐기 때문이었어요. 그렇지만 곧,

'그럴 리가!'

라는 생각이 들었고,

'그럴 리가 없어!'

라는 생각을 하면서 고개를 가로저었지요.

지난번에 그분이 먹을 만한 먹이는 모두 치워 버렸기 때문에, 다시는 오지 않을 것으로 생각하고 있었거든요.

그렇게 생각하고 있었는데, 부스럭하는 소리가 나는 것이 아니겠어요? 그러면 안 되는데 말이에요.

선생님은 저도 모르게 두근거리는 가슴을 가까스로 진정시키며 주변을 둘러보았어요. 조마조마한 마음으로 찾아보았지요. 그렇지만 아무리 찾아봐도 찾을 수가 없었어요. 그뿐 아니라 왔다 갔다는 흔적도 찾아볼 수 없었고요.

'휴! 다행이다. 다행!'

안도의 한숨이 흘러나왔어요. 이곳저곳을 좀 더 확인해 보았더니, 더욱더 마음이 편안해지는 것이었지요. 그렇지만 그것도 잠시였을 뿐,

'그나저나 이를 어쩌지? 학부모 공개수업을 할 때 불쑥 나타나기라도 하면….'

이런 생각이 들자, 갑자기 불길한 예감이 드는 거 있죠? 가슴은 다시 또 뛰기 시작했어요. 가까스로 진정된 가슴은 더욱더 세차게 뛰기 시작했죠.

"쿵쾅쿵쾅, 쿵쾅쿵쾅"

심장 뛰는 소리가 텅 빈 교실을 가득 채우며 퍼져 나갔지요.

'학부모님들은 어떤 반응을 보이실까? 그뿐 아니라, 가장 싫어하는 동물을 쥐로 생각하고 있는 현지는 어떤 반응을 보일까?'

학부모들도 걱정되고 반 아이들도 걱정되었어요.

'다른 반에 나타난 것만으로도 걱정을 많이 하는 것 같았는데. 공개수업을 하는 날에 나타나는 것은 꼭 피했으면 좋겠는데….'

그날만큼은 꼭 피하고 싶었어요. 물론 다른 날도 오지 않는다면 더욱 좋은 일이겠지만 말이에요.

그렇지만, 그분이 그날 오지 않는다는 보장은 없었어요. 그 때문에 불안한 마음을 완전히 떨쳐 버릴 수는 없는 일이었지요.

'아니지, 다른 사람이나 그들의 반응을 걱정할 때가 아니잖아! 부스럭하는 소리만으로도 나 또한 이렇게 가슴이 뛰는데…. 담임교사로서 어떻게 대처하면 좋을까? 잘 대처할 수 있을까?'

그러고 보니 다른 사람들을 걱정할 때는 아닌 것 같았어요. 담임교사 그 자신도 실은 어떻게 해야 할지 갈피를 잡을 수 없었거든요.

처음 있는 일이었고, 도저히 일어날 수 없는 일이, 일어나서는 안 되는 일이 일어나려 하고 있었기 때문에 불안했고 더욱더 갈피를 잡을 수가 없었던 것이었지요.

그리고 문제는 또 있었어요. 리코더를 든 아이가 어떻게 나올지는 예측조차 할 수 없는 일이었거든요.

'그 아이는 어떤 반응을 보일까? 아까도 봤지만 이동할 때는 리코더를 불지 말고 손에 들고 가라는 뜻으로 안내를 했던 것인데도 말뜻을 이해하지 못한 탓인지, 아니면 일부러 그런 것인지 전혀 말을 듣지 않던데…. 그 애는 과연 어떻게 나올까?'

생각만으로도 머리는 지근지근 아프기 시작했죠.

'또 리코더를 들고 제멋대로 행동하기라도 하면, 그땐 정말 어떡하지?'

상상만으로도 '뜨악!' 하는 소리가 절로 흘러나왔어요.

'안 돼! 안 된다고. 그분이 오면 절대 안 돼!'

절대 안 된다는 마음에 선생님은 다시 또 교실의 구석구석을 살펴봤죠. 책상도 치우고 사물함도 치운 다음, 혹시나 쥐가 드나들 만한 구멍이 있는지 샅샅이 말이에요. 그렇지만 지난번에 살펴본 대로 그런 구멍은 찾아볼 수 없었어요.

'없구나! 없어!'

없다는 결과에 마음이 놓이기는 했지만, 꼭 그런 것만도 아니었죠.

'그래도, 그래도…. 미처 파악하지 못한 구멍으로 들어온다면…. 전혀 생각지도 못한, 그러니까 새로운 길을 찾아 그 길로 들어온다면, 그땐 어떡하지? 동물이 생각하는 방식과 사람이 생각하는 방식은 다를 수 있잖아. 눈높이도 다르고, 몸집도 다르니…. 그렇지 않을까?'

관점을 바꿔 들쥐의 처지에서 생각해 보니, 마음이 통 놓이지 않는 것이었어요. 사실, 선생님으로서는 들쥐의 사고방식이나 행동 방식에 대해서는 전혀 알 수 없는 일이었거든요.

이런저런 생각에 걱정하며 공개수업 준비를 하다 보니 준비도 제대로 되지 않았지요. 걱정만 더 늘어날 뿐이었죠.

'제발 오지 않았으면 좋으련만. 그것이 가장 좋은데….'

교실 뒤쪽 벽면에 걸려 있는 시계를 바라보니 벌써 3교시가 끝나가고 있었어요.

'아차! 아이들을 데리러 가야지.'

선생님은 자리에서 일어나 음악실로 갔어요. 문 앞에서 기다린 다음, 아이들을 다시 두 줄로 세워 다시 돌아왔죠.

"자! 쉬는 시간이다."

선생님의 말씀이 떨어지자마자 아이들은 다시 또 교실 뒤쪽으로 몰려가 놀기 시작했어요.

현지는 카드놀이를 하려고 했는데, 왠지 생각이 바뀐 것 같아요. 다른 아이들과 함께 어깨동무하더니 기차놀이를 하는 거 있죠?

마음에 드는 친구들과 함께했는데 정말 재미있었어요. 땀을 뻘뻘 흘리며 여기저기 돌아다니고 있는데, 현지 옆으로 선생님께서 가까이 다가오는 것이 아니겠어요?

그러고는,

"기차놀이는 위험하다. 다른 아이들이 노는 데 방해도 되고…. 그러니 그만하고 다른 놀이를 하는 것은 어떨까?"

라고 말씀하시더니, 다른 아이들이 노는 곳으로 가셨지요.

현지는 기차놀이를 그만두고 카드놀이를 하려고 하는데, 그때 마침 쉬는 시간이 끝나는 종이 울렸어요.

'공부 시간은 무척 길고 지루한데, 쉬는 시간은 왜 이렇게 짧은 걸까?'

현지는 푸념 아닌 푸념을 하며 수업 준비를 시작했죠.

자리에 앉아 계신 선생님께서도 책을 꺼낸 다음, 4교시 수업을 막 시작하려고 하는데, 컴퓨터에는 또 어떤 메시지가 들어와 있었어요.

어떤 내용인지 궁금하여 열어 보려 했으나 수업이 시작되었기 때문에 4교시가 끝난 다음에 열어 보기로 했죠. 화면에 뜬 메시지의 제목만을 얼핏 보니, 화단을 관리하시는 선생님께서 보낸 것 같았어요.

사진도 몇 장 딸려 있었는데 아마도 꽃을 찍은 사진 같았어요. 파일 이름이 꽃 이름으로 되어 있었거든요.

그러고 보면 중요한 메시지는 아니었지요.

4교시 수업은 국어였어요. 책에 나와 있는 시를 몇 번 낭송한 다음, 시를 쓰는 방법에 대해 알아봤어요. 그리고 자신의 마음을 시로 표현하는 방법에 대해서도 알아봤고, 그러려면 평소에 관찰을 잘해야 한다는 것을 강조하기도 했어요.

"자! 그럼, 각자의 느낌을 짧은 말로 잘 표현해 보도록…. 그리고 그렇게 쓴 시를 26일까지 선생님께 제출하여 검토를 받도록 합니다. 잘 쓴 사람만이 발표할 수 있어요. 잘못 쓴 학생은 좀 더 보충해 보도록 하겠어요."

선생님은 숙제를 안내하며 아이들을 둘러보셨지요. 다시 또 말씀을 이어 가셨어요.

"발표하는 시간이 되면 몹시 떨립니다. 자신의 부모님들뿐 아니라 친구의 부모님들도 모두 오시기 때문에 더욱더 떨려요. 시도 잘 써야 하겠지만, 낭송하는 연습도 많이 해야 합니다. 27일은 느낌을 살려 큰 소리로 낭송하는 연습을 많이 해 보도록 하겠어요."

이 말을 마지막으로 4교시 수업도 끝났어요.

"자! 그러면 급식 준비를 하도록 합니다. 급식 당번은 앞으로 나오세요."

우리 반 아이들은 어느 시를 좋아할까?

돌이는 방금 사귄 친구들뿐 아니라 4학년 1반 아이들도 생각하며 시를 지어 보기로 했어요. 옆에 있는 돌단풍과 머위를 주제로 하면 좋을 것 같았어요.

'같이 놀았을 때의 그 느낌을 시로 표현하면 좋은 시가 나올지도 몰라.'

느낌을 떠올리며 돌이는 다시 또 돌단풍과 머위를 관찰해 보기로 했죠.

둘레[1]를 둘러보니, 돌단풍은 연못 가장자리의 돌 틈에서 자라나고 있었고, 머위는 좀 축축하면서도 햇볕이 잘 드는 곳에서 자라나고 있

---

[1] 둘레란 '두(둘)르다+레'의 짜임으로 되어 있다. 먼저, '레'는 '에'나 '데'로서, '~하는 곳'이나 '~한 부분'을 뜻한다. 가운데, 난데없다, 간데없다, 온데간데없다, 쓸데없다 등에 쓰인 '데'와 같다. '두르다'는 어떤 것의 가(가장자리)를 감싸다라는 뜻이다. 따라서 둘레란 어떤 것의 가(가장자리)를 감싼 곳(부분)을 뜻하게 된다. 또한 '두르다'에 '보다'가 결합되면 둘레를 돌며 이리저리 살펴보다는 뜻의 '둘러보다'가 되고, 둘레에 길이 결합되면 둘레를 따라 만든 길인 '둘레길'이 된다.

었어요.

 돌단풍은 막대처럼 생긴 것을 하늘 높이 쳐들고 있었는데, 그 끝에는 뭉뚝한 어떤 것이 여러 개 달려 있었어요. 그 속에는 또 무언가 들어 있는 것 같았죠. 그게 무엇인지는 알 길이 없었지만 말이에요.

 그래도 좋은 것이 들어 있을 것만 같은 기대감을 떨쳐 버릴 수는 없었지요.

 '분명, 그럴 거야.'

 생각하면 할수록 더욱더 궁금해졌어요.

 '돌단풍은 아름다우니까 그곳에서도 아름다운 어떤 것이 나오지 않을까? 아니면, 고운 향기를 품고 있는 어떤 것이 나올지도 몰라.'

 뭔가 좋은 것이 나올 것 같은 기대감은 더욱더 커져만 갔죠. 기대하는 것만으로도 즐거웠지요.

 '그래, 맞아. 돌단풍의 아름다운 모습을 시로 옮겨 보자.'

 돌이는 자신의 마음에 그려지는 그림을 그대로 글로 나타내 보았어요. 보기만 해도 술술 흘러나오는 거 있죠?

 '그렇지. 가장 먼저 보이는 크고 튼튼한 잎사귀부터 시작해 볼까?'

 둘레를 한자로 표기한 것이 주변(周邊: 두루 주, 가 변)이라면, 냇가나 강가, 살갗, 가죽 등 어떤 것의 바깥 부분인 가나 가장자리는 둘레와 같은 뜻의 우리말이다. 한편 둘레가 안쪽에서 바깥으로 나간 가의 부분을 가리키는 말이라면, 그와 반대되는 말도 있을 텐데, '가운데'란 말이 이에 해당한다. 가운데는 가운데로서 '가+오(다)+ㄴ+데'의 짜임이고, 가에서 온 곳을 뜻한다.

연못의 돌 틈에 자리 잡은 돌단풍,
단풍잎처럼 넓고 튼튼한 잎사귀를 활짝 편 채

자신이 바라본 느낌 그대로를 글로 옮겨 본 것이었죠. 그런데 조금 있으려니 바람이 살랑살랑 불어오는 것이 아니겠어요?
'옳지. 이 느낌도 글로 옮겨 볼까?'

살랑살랑 불어오는 바람에
마치 저 푸른 하늘로 날아오르듯 날갯짓을 하네.

써 놓고 다시 읽어 보니, 바람에 흔들리는 돌단풍의 잎이 잘 표현된 것 같아 좋았어요.
그런데 바람에 흔들리는 잎사귀를 바라보고 있으려니, 마치 그 자신이 하늘 높이 붕 떠오르는 그런 느낌도 드는 것이 아니겠어요?
'나도 날고 싶다.'
이 느낌도 써 넣고 싶었어요. 그렇지만 아무리 생각해 봐도 돌단풍하고는 어울리지 않는 것이었지요. 그리고 방금 쓴 그 구절을 잘 살펴보니, 더욱더 그런 느낌이 드는 것이었죠.
'그런 구절은 안 넣어도.'
돌이는 큰맘 먹고 넣지 않기로 했어요.

왜냐하면, 넣지 않더라도 잘 읽으며 상상의 나래를 펴 보면, 그 자신이 날아오르고 싶은 마음이 충분히 표현된 것처럼 느껴졌거든요.

그리고 이번에는 높이 올라간 막대 같은 부분과 그 끝에 달린 뭉툭한 것을 뚫어지게 살펴보았어요. 이것이 무엇인지는 모르겠지만, 좋은 것이 들어 있을 것만 같았거든요.

돌이는 그런 느낌을 살려 방금 쓴 시에 또 넣어 보려 했죠. 그렇지만 이것 역시 잘되지는 않았어요. 어떻게 넣어야 할지도 모르겠고요.

우선은 바라본 대로 그리고 느낀 대로 써 봤죠.

하늘로 뻗어 나간 굵고 긴 막대, 무엇을 위한 것일까?

그렇지만 이렇게 쓸 수는 없을 것 같았어요. 호기심도 좋기는 좋지만, 자신이 제대로 알지도 못하고 이해도 못 한 것을 함부로 쓸 수는 없는 일이었거든요.

'좀 더 기다려 보는 수밖에 없겠는걸.

무엇이 나올지 궁금하지만 나온 것을 보고 써야 하지 않을까?'

돌이는 좀 더 기다려 보기로 했어요.

이 일로 인해 돌이는,

'마음을 그대로 옮기는 것도 쉬운 일은 아니구나!'

라는 것도 깨닫게 되었지요.

돌이는 돌단풍을 대상으로 한 시는 잠시 뒤로 미루기로 하고, 다른 곳에 가 보고 싶었어요. 그중에서도 머위가 있는 곳이 좋을 것 같았죠.

돌이는 돌단풍을 지나 머위가 있는 곳을 향해 발걸음을 옮겼어요. 조금 가다 보니 머위가 보이기 시작했죠. 그곳에는 크고 작은 머위들이 많이 나와 있었거든요.

꽃이 활짝 핀 머위를 하나 골라 가까이에서 살펴보니, 가늘고 긴 대에 넓고 큰 잎이 나와 있었어요. 그리고 그 사이로는 굵고 긴 대가 하나 올라와 있었는데, 그 위에는 또 하얀 꽃이 활짝 피어 있는 것이 아니겠어요?

하얗게 핀 꽃이 어떻게 생겼는지 몹시 궁금했던 돌이는 그 꽃을 뚫어지게 바라보았어요. 그랬더니, 그 큰 꽃 안에서도 무척이나 작은 꽃들이 아주 많이 피어 있는 것이 아니겠어요?

'그렇구나!'

무엇인가 좋은 생각이 떠오른 것 같았어요.

그리고 좀 더 살펴보니, 작은 꽃들이 서로 돕고 어울려 하나의 큰 꽃으로 피어나고 있는 것처럼 느껴지는 것이었어요. 그 때문인지 보면 볼수록 보는 재미가 새록새록 솟아났고, 마음도 기쁨으로 가득 차올랐죠.

'이번에는 이 느낌을 시로 써 보는 것이 어떨까?'

돌이는 이 느낌도 글로 잘 표현해 보기로 했어요.

수없이 작은 꽃들이 서로 돕고 어울려
한층 더 아름다운 꽃으로 또 한 번 피어난다네.

써 놓고 보니, 그럴듯하게 보이는 것 있죠. 만족감에 들뜬 돌이는 이 시에 어울리는 제목도 붙여 보았어요. '머위꽃의 비밀'이라고 말이에요. 이 시를 듣게 될 우리 반 아이들도 서로 어울려 더 크게 피어나는 그 비밀을 찾아내고 알아주길 바라는 마음에서 말이에요.

그런데 바로 그때 또 하나의 생각이 떠오르는 것이 아니겠어요?

'그렇지. 그럴지도 몰라.'

그리고 보면 이전에 해결되지 않았던 어떤 궁금증과 연결된 것 같아요.

'돌단풍에서 나온 그 막대…. 그것도 어쩌면, 꽃대가 아닐까?'

머위꽃의 꽃대를 본 순간 방금 보았던 돌단풍의 그 막대도 어쩌면 꽃대가 아닐까 하는 생각이 든 것이었지요.

'그렇다면 정말 얼마나 예쁜 꽃이 피어날까?'

생각하는 것만으로도 행복했어요. 이때부터는 어떤 꽃이 피어날지 정말 궁금해지는 것이었지요.

'매일매일 가서 지켜봐야지.'

돌이는 마음에 작은 다짐을 굳게 새기며 집으로 돌아왔죠. 돌아오면서는 방금 쓴, 말하자면 돌단풍의 아름다운 모습을 노래한 시의 마지막 구절을 다시 한번 생각해 보았어요.

하늘을 향해 길게 뻗어 나간 우람한 꽃대에는
보는 사람의 궁금증을 사로잡는 행복한 꿈을 품고 있다네.

그러고 보니 정말 그럴듯하게 보였어요. 제목도 붙여 보았죠. '돌단풍의 행복한 꿈'이라고 말이에요.

그다음에는 아까 쓴 마지막 연을 방금 쓴 연으로 바꿔 보았어요.

그랬더니, 3연으로 된 시가 완성되었는데, 이번에는 그 시를 소리 내어 읽어 보았죠. 그랬더니, 더욱더 그럴듯하게 보이는 게 아니겠어요?

읽어 보는 김에 '머위꽃의 비밀'도 큰 소리로 읽어 보았어요.

둘 다 좋았어요. '머위꽃의 비밀'은 서로 돕고 어울려 사는 모습이 잘 표현된 것 같았고, '돌단풍의 행복한 꿈'은 돌단풍의 아름다운 모습과 꽃을 보고 싶어 하는 설렘이 잘 나타나 있는 것 같았거든요.

'이제는 돌단풍과 머위 친구에게 들려줘 볼까?'

돌이는 사랑스러운 눈길로 돌단풍과 머위를 바라보며 큰 소리로 읽어 줬어요. 그 소리를 듣고 돌단풍은 꽃대를 흔들고, 머위는 더욱 더 활짝 웃는 것처럼 보였지요.

'4학년 1반 아이들은 어느 시를 더 좋아할까?'

기분이 너무 좋아진 돌이는 행복에 젖어 이곳저곳을 돌아다녔죠. 춤을 추듯 스텝을 밟으면서 말이에요.

내가 잘못 들었나?

드디어 기다리고 기다리던 점심시간이 되었어요.

당번들이 앞으로 나와 배식을 시작했어요. 선생님께서도 그들과 함께 음식을 나눠 주셨죠.

차려 놓은 음식을 보니, 6가지였어요. 렌틸 콩밥, 쇠고기미역국, 햄 두부(전), 취나물볶음, 멸치 찹쌀 콩 볶음과 총각김치였죠.

오늘은 반찬이 많이 나오는 날이었기 때문에 배식 당번 4명만으로는 부족한 것 같았어요. 배식을 잘하려면 선생님 말고도 2명은 더 있어야 할 것 같았어요. 수저를 나눠 줄 사람도 필요했거든요. 그래서 여자 회장과 여자 부회장이 나와 배식에 참여하게 되었지요.

모두 손을 씻은 다음 급식 모자를 쓰고 손에는 비닐장갑을 끼고 마스크도 했어요. 완벽한 급식 차림으로 여자 회장은 밥을 퍼 주었고, 여자 부회장은 수저를 나눠 줬고요. 선생님은 국을 퍼 주었고, 4명의 배식 당번도 각각 반찬 한 가지씩을 맡아 나눠 주었지요.

현지도 줄을 서서 기다린 다음 받을 차례가 되자, 배식판에 음식을 골고루 받았어요. 반찬이나 국, 밥 따위를 흘리지 않도록 조심하면서 말이에요.

그렇지만 배식 질서를 지키지 않는 아이들도 있었고 먹기 싫은 음식만 많이 준다면서 투덜대는 아이들도 있었어요.

그런 아이 중에서도 유난히 투덜대는 아이가 있었지요. 떠들썩할 정도로 불만을 터트리는 아이가 있어 살펴봤더니, 그 아이였어요. 중간놀이를 할 때부터 리코더를 들고 장난을 쳤던 바로 그 아이….

선생님께서는 그 아이 옆으로 가시더니 이렇게 말했어요.

"음식에 침이나 먼지가 들어갈 수 있으니 조용히 받도록 합니다. 그리고 좀 더 공손하게 받도록 하고."

그렇지만 그 아이는 그 말도 듣지 않고 못 들은 척하며 딴 곳을 보는 거 있죠? 마치 '자기들과 친한 애들에게만 많이 주려고 하니까 한마디 한 것뿐이에요.'라는 말을 하는 듯 말이에요.

웅성거림 속에서 배식을 마친 선생님도 그제야 당신의 배식판에 음식을 담으셨고, 그렇게 담은 음식을 책상에 올려놓았어요.

그런 다음 아이들이 점심을 먹으면서 볼 수 있도록 '장금이의 꿈'을 틀어 주셨죠. 5화였어요.

선생님은 점심을 드시면서 아이들을 둘러보기도 하고, 이전에 들어온 메시지를 열어 보기도 했어요.

그런 메시지 중에는 선생님의 눈길을 끄는 것도 있었는데, 그것은 화단을 담당하는 선생님이 보내 주신 메시지와 함께 딸려 온 파일이었지요.

그 파일들은 모두 사진 파일이었는데, 그곳에는 봄의 기운이 물씬 풍기는 봄꽃들이 가득 담겨 있었어요. 그러고 보니 4교시 수업 직전에 들어온 바로 그 메시지 같았어요. 꽃 이름으로 된 파일 말이에요.

꽃이 막 피어나려고 하는 돌단풍, 노란 꽃을 활짝 피운 민들레와 개나리, 아이들의 주먹만 하게 피어오른 머위꽃 등이 있었어요.

그중에서도 연못의 가장자리에서 꽃을 막 피우려고 온 힘을 다하고 있는 돌단풍과 그 옆 양지바른 곳에 활짝 피어오른 머위꽃이 특히 마음에 들었나 봐요.

'아이들을 하교시킨 다음, 돌아오는 길에 이 꽃을 꼭 보고 와야지.'

선생님은 즐거운 생각을 하며 점심을 드셨어요. 즐거운 마음으로 점심을 먹다 보니, 어느덧 '장금이의 꿈'도 다 끝났어요. 아이들도 밥을 다 먹고 집에 갈 준비를 하고 있었지요.

다른 아이들보다 일찍 먹은 남자 회장과 남자 부회장은 다 먹은 아이들이 음식 찌꺼기를 잘 처리하도록 도와줬어요.

선생님도 다 먹은 다음 음식 찌꺼기를 처리했고 배식판을 급식대에 순서대로 올려놓았지요. 그런 다음 알림장을 쓰기 시작했죠.

다 쓰신 다음에는 급식대를 정리했고, 복도로 치웠어요. 급식대를 정리하고 복도로 내놓을 때는 또 여자 회장과 여자 부회장이 도와줬고요.

잘 정리하고 교실로 다시 돌아와 보니, 선생님의 책상 옆으로는 알림장을 든 아이들이 줄을 서서 기다리고 있었어요.

선생님은 별표가 새겨진 도장을 꺼낸 다음 아이들이 펴 놓은 곳을 살펴보며 확인 도장을 찍으셨어요.

도장을 받은 아이들은 가방을 싸고 자기 자리를 청소했고, 다한 다음에는 의자를 책상 안으로 밀어 넣었어요.

현지도 하교하려고 가방을 싼 다음 주변 정리 정돈을 깔끔하게 했어요. 속으로는,

'집에 가서 무엇으로 시를 쓸까 생각해 봐야지.'

라는 생각에 들떠 있었지요. 또한,

'고양이를 좀 더 관찰해 볼까?'

라는 생각도 해 봤어요.

아이들이 다 일어서자 학급회장이,

"바른 자세!"

라는 구령을 붙였어요. 아이들은 모두 책상 앞에 서서 몸을 바르게 했어요.

학급회장이 또,

"인사!"

라고 하자, 다들 허리를 굽히며,

"안녕히 계세요."

라고 말했어요.

선생님도 아이들과 함께 인사를 했죠. 인사를 마친 아이들은 가방을 메고 복도로 나갔어요. 복도의 창가 쪽으로 걸려 있는 신주머니를 가져온 다음 남자 1줄, 여자 1줄로 줄을 섰죠.

그중에는 방과 후 학교 수업이 있는 아이들도 있었는데, 그 아이들은 복도에서 바로 방과 후 교육을 받으러 해당 교실로 먼저 갔어요.

다른 아이들도 교문을 향해 움직이기 시작했어요. 교실 옆의 계단을 이용하여 4층에서 3층으로, 3층에서 2층, 1층으로 내려왔죠.

별 탈 없이 1층으로 내려온 아이들은 신주머니에서 신발을 꺼낸 다음 운동화로 갈아 신었어요.

현지도 신발을 갈아 신으려고 하는데, 연못의 가장자리에서 부스럭하는 소리가 들려오는 것이 아니겠어요?

그렇지만 그 소리도,

"신발을 다 갈아 신었으면 줄을 맞춰 교문을 향해 가도록 하겠습니다. 자! 그러면 출발하겠어요."

라는 소리에 묻혀 버리고 말았죠.

신발을 다 갈아 신은 현지는,

'내가 잘못 들었나?'

라고 생각했어요. 그렇지만 꼭 그런 것만은 아닌 것 같았어요. 그

때문인지,

'정말로, 뭔가가 있는 것이 아닐까?'

라는 생각으로 연못의 가장자리 쪽을 힐끔 쳐다보았지요. 그렇지만 소리의 정체는 찾을 수 없었어요.

'뭔가가 있을 까닭이 없지.'

현지는 포기하는 마음으로 앞쪽을 바라보니 선생님과 아이들은 벌써 저만큼 가고 있는 거 있죠? 멀리 떨어진 선생님과 아이들을 따라잡기 위해 뛰어갔어요. 발걸음을 옮길 때마다 등 뒤에 있는 가방이 위아래로 흔들렸어요.

줄을 서서 가고 있는 아이들 사이를 비집고 자기 위치로 파고든 현지는 앞 친구의 가방도 바라보고 옆의 화단도 바라보며 교문을 향해 느긋하게 걸어갔지요.

교문에서는 어머니들이 기다리고 있었어요. 선생님은 손을 들어 아이들과 하이파이브로 마지막 인사를 했죠.

현지도 선생님의 손과 손을 살짝 맞춰 인사를 한 다음, 어머니와 함께 집으로 돌아갔어요.

아이들을 다 돌려보낸 선생님은 발걸음을 돌려 다시 교실로 돌아왔어요.

돌아오는 길에 돌단풍과 머위꽃을 찾아보려 했으나, 바빠서 그런지 그만두기로 했죠. 공개수업이나 학부모총회 때문에 해야 할 일이 너무 많았거든요.

　선생님은 4시 15분까지 공개수업 및 학부모총회에 필요한 준비를 한 다음 직원회의실로 갔어요. 4시 20분에 시작되는 교육과정 연수를 받기 위해 말이에요.

　아이들을 잘 가르치려면 선생님도 늘 연구해야 했어요. 그러고 보니, 오늘은 여러 선생님이 한곳에 모여 학교 교육과정에 관해 설명하고 토론하는 날이었지요.

나도 사람이라고, 살아 있는 사람!

돌이는 연못 가장자리의 이곳저곳을 돌아다니며 공개수업 시간에 발표할 시를 고르고 있었어요. 큰 소리로 읽어 보고 또 읽어 보면서 어느 것이 좋을지 생각해 봤죠.

그런데 그때였어요. 4학년 1반 친구들이 나오는 모습이 보이는 것이 아니겠어요? 현지도 보이고 선생님도 보이는 것이었어요.

돌이는 반가운 마음에 '인사라도 해 볼까?' 하는 생각도 해 봤지만 그만두기로 했어요. 아침에도 큰 기대를 걸고 4학년 1반 교실에 가 보았지만, 반겨 주는 사람이 한 명도 없었기 때문이었죠.

그뿐이 아니었어요. 신발을 갈아 신고 있는 현지를 바라보니 무엇인가를 찾고 있는 것 같았는데, 그 눈빛에는 이상한 빛이 흐르고 있었어요.

무슨 소리가 들렸는지는 모르겠지만 소리 나는 쪽을 바라보기라도 하듯, 돌이가 있는 이쪽을 보고 있는 것이 아니겠어요?

그 순간, 돌이는 깜짝 놀랐어요. 무엇인가를 찾고 있는 것 같았기 때문이었죠.

그런데 이상하게도 그 아이의 눈에는 왠지 모를 두려움의 빛이 가득했어요. 기분이 좋지 않아 보일 때는 자신을 보더라도 반갑게 인사하고 맞이해 줄 것 같지 않았거든요.

그런 까닭으로 돌이 역시 모른 척하기로 한 것이었죠. 돌이는 커다란 모과나무 뒤로 몸을 숨겼어요.

'아는 척도 안 하고 말이야.'

아침에 일어났던 일만 생각하면 서운한 마음만이 들었어요.

'나만 몰라주고.'

슬펐어요. 슬픔으로 가득 찬 마음을 추스르며 돌이는 좀 더 생각해 보기로 했죠. 그랬는데 갑자기,

'나도 사람[1]이라고, 살아 숨 쉬는 사람!'

이런 생각이 솟구쳐 올라오는 것이 아니겠어요?

'사람으로서 당당하게 관심도 받고 싶고 사랑도 받고 싶다고요.'

돌이는 배에 힘을 주어 지금 자신의 앞을 지나가고 있는 친구들과 담임 선생님을 향하여 힘껏 외쳐 보고 싶었어요.

"나도 사람이라고요. 사람! 살아 있는 사람이라고요."

---

1 들쥐는 그 자신을 들쥐라고 생각하지 않을 것이다. 들쥐란 말은 사람이 붙인 이름이기 때문이다. 이는 사람이 볼 때 들쥐일 뿐, 들쥐 그 자신의 처지에서 보면 살아 있는 어떤 것일 뿐이다. 그리고 이 문장에서는 들쥐의 처지에서 살아 있는 어떤 것이라는 의미에서의 사람으로 표현한 것이고, 그런 식으로 이해를 한다면 좀 더 재미있게 읽을 수 있다.

입 밖으로는 나오지 않았지만, 마음으로는 몇 번이고, 몇십 번이고 힘껏 외쳐 보았죠. 그랬더니, 가슴이 시원해졌어요. 아픔으로 응어리졌던 마음이 조금은 풀렸나 봐요.

"너희만 사람이냐! 나도 사람이다. 사람! 다 같은 사람이라고요."

다시 또 외쳐 보고 싶었지만, 꾹 참았어요. 부질없는 말로 상대방의 기분을 상하게 할 수는 없는 일이었거든요. 둘레의 친구들이 자신의 참모습을 몰라준다고 하여 욕할 수는 없는 일이 아닐까요?

원망하는 마음을 버려 그런지, 집으로 돌아가는 친구들의 모습은 사랑스럽기만 했죠. 선생님도 멋지게 보였고요.

'나도 이제는 집으로 돌아가야겠다. 친구들도 다 지나갔으니, 화단 뒤에 숨지 않아도 되겠지.'

수업도 다 듣지 않고, 중간에 놀다 온 것 같아 어머니께는 미안한 마음이 들었지만, 어쩔 수 없었어요. 아무도 반겨 주지 않았고 수업은 따분하기만 했거든요.

'놀고 온 것은 맞지만 그래도 국어 숙제를 했으니, 천만다행이다. 혹시 어머니께 꾸중을 듣더라도 숙제를 하고 있었다고 하면 용서해 주실지도 몰라.'

돌이는 놀다 온 것에 대해서도 자신의 마음을 위로해 보았어요. 그랬더니, 마음이 좀 더 편안해졌어요.

'내가 쓴 시를 자랑해야지. 어쩌면 칭찬해 주실지도 몰라.'

기대감도 들었어요.

'옳지, 그렇다면 그중에서도 그게 좋겠어. 늘 부모님이 하시는 말씀처럼 서로 도우며 어울려 살아야 한다는 그런 내용 말이야.'

평소에 하신 부모님의 말씀을 떠올려 보니 어떤 시가 더 좋은지, 감이 좀 온 것 같았어요.

그렇지만 그렇게 하기로 한 시를 친구들 앞에서 발표할 생각을 하다 보니, 다시 또 슬퍼지는 것이었어요.

'오늘은 아는 척도 안 해 주고…, 왕따를 당하고 보니 정말 슬퍼졌어.'

직접 당해 보니, 서로 돕고 어울려 사는 모습이 더욱더 좋아 보이는 것이었어요. 서로 배려하며 살아야 한다는 생각도 절실하게 다가오는 거 있죠?

'앞으로는 나와 같은 아이들이 나오지 않도록 하자는 마음에서, 머위꽃의 비밀이 좋을 것 같아.'

경험을 되새겨 보니, 서로 어울려 사는 모습을 노래한 '머위꽃의 비밀'이 훨씬 더 좋아 보였어요. 친구도 한 명 없이 외롭게 지내고 있어 그런지, 그 시가 더욱더 마음속 깊은 곳으로 파고들고 있었는지도 모르는 일이었지요.

그랬기 때문일까요? '머위꽃의 비밀'이란 시는 아주 짧았지만 짧은 만큼 더 강력한 뜻을 담고 있는 것처럼 느껴지는 것이었어요.

'그럼, 좋아. 결심했어. 이것으로 하자.'

마침내 공개수업 때 발표할 시가 결정되었어요.

이때부터는 이상하게도, 머위의 작은 꽃들 하나하나가 반 아이들처럼 보였고, 밝게 웃음 짓는 그 아이들이 서로 도우며 어울리는 모습이란 마치 하나의 더 큰 꽃으로 피어나는 것처럼 여겨지는 것이었어요.

더 큰 어울림을 떠올렸기 때문인지, 돌이의 기분은 더욱더 좋아졌죠. 돌이는 4학년 1반 친구들이 부르던 '고운 꿈'이란 노래를 콧노래로 부르며 집으로 돌아왔지요.

당분간은 학교에 가지 않기로 했어요. 별다른 이유는 없었어요. 이유가 있었다면 딱 하나밖에 없었는데, 그 반에는 사람을 사람으로 알아주는 사람이 한 명도 없다는 것이었지요.

'나도 사람인데…, 나도 사람인데 말이야.'

다 같은 사람인데, 왜 우리 반 아이들은 사람을 사람으로 알아주지 않는 것일까?'

돌이는 자신의 힘으로 이 물음에 대한 답을 풀어 보기로 했어요. 이 물음에 대해서는 선생님도, 그 어느 누구도 가르쳐 주지 않았고, 앞으로도 그럴 것 같았거든요.

설마! 쥐의 꼬리는 아니겠지!

3월 28일.

돌이는 학교에 갈 준비를 했어요. 평소와는 달리 좀 늦게 가기로 했지만 말이에요. 말하자면 공개수업 시간에만 맞춰 가기로 한 것이었지요.

그래도 너무 늦지는 않기로 했어요. 발표할 것도 있었기 때문이었지요. 너무 늦으면 친구들이나 선생님께, 더군다나 다른 학부모님들께도 좋지 않은 인상을 줄 것 같았고요.

'수돗가를 지나가는 통로를 이용하면 다른 사람들의 눈에 띄지 않게 들어갈 수 있을 거야.'

등굣길을 그려 본 후 돌이는 기분 좋게 출발했어요.

그렇지만, 이때까지만 해도 돌이는 알지 못했어요. 자신에게 불어닥칠 엄청난 고통을, 죽을지도 모르는 위험이 다가오고 있다는 것을. 자신을 붙잡기 위한 함정이 곳곳에 설치되어 있다는 것을 말이에요.

그런 낌새를 조금이라도 눈치챘더라면 이처럼 들떠 있지는 않았을 거예요. 조바심을 내지도 않았을 테고….

'엄마도 오신다고 했으니, 마음 단단히 먹고 발표해야지.'

아무것도 모르는 돌이는 설레는 마음으로 자신이 쓴 시를 마음속으로 그리며 수돗가를 지나갔어요. 수돗가에는 지난번에 만났던 불량배 친구들도 나와 있었어요. 여전히 어슬렁거리고 있었지만 말이에요.

돌이는 그들을 본 척도 하지 않았어요. 그리고 그곳에서부터는 기둥을 타고 올라가기로 했죠. 지난번과는 달리 지름길로 곧장 올라가다 보니, 금세 5층까지 올라왔어요.

'너무 높이 올라온 것은 아닐까?'

돌이는 이런 생각도 해 봤지만, 그편이 오히려 더 좋을지도 모른다는 생각도 들었지요. 왠지는 모르겠지만 말이에요.

4학년 1반 교실 근처로 오자, 웅성거리는 소리가 들려왔어요. 공개수업은 아직 시작되지 않은 것 같았어요.

'휴! 다행이다. 늦지 않아서.'

돌이는 안도의 한숨을 내쉬었어요. 숨을 길게 내쉰 다음 차분한 마음으로 교실을 쭉 둘러보았어요.

앞 칠판에는 학습 목표가 쓰여 있었어요. '느낌을 살려 시를 낭송할 수 있다.'라고 말이에요. 그 밑에는 '활동 1. 떠오르는 장면을 상상하며 시 읽기', 그리고 그 밑에는 '활동 2. 느낌을 살려 자신이 쓴 시 읽기'란 말이 쓰여 있었지요.

아이들을 둘러보니, 자기 자리에 앉아 있는 아이들도 있었고, 옆 친구를 보며 웃고 있는 아이들도 있었어요. 어떤 아이들은 자기 부모님이 왔는지 확인을 해 보려는 듯 복도 쪽을 힐끔 쳐다보기도 했고요.

그중에는 '오셨구나!'라는 생각에 웃음 띤 얼굴로 수업 준비를 하는 아이들도 있었고, '아직 안 오셨네.'라는 생각에 조바심을 내는 아이들도 있었지요. 너무 초조한 나머지 안절부절못하는 아이들도 있었고요.

일찍 온 학부모님들은 복도에 서 있었어요. 그 수를 대략 세어 보니 25명쯤 오신 것 같았어요.

1반에는 21명의 아이가 있었는데, 그러고 보면 어머님들 외에도 아버지나 할머니 또는 학교에 다니지 않는 동생들도 몇 명 있는 것 같았지요.

숫자를 세고 있는 바로 그 순간에 도착하신 학부모님도 있었어요. 돌이는 그분이 어떻게 하는지를 잘 살펴보았죠. 그분은 뒷문에 놓여 있는 책상 앞에 서더니, 그 위에 놓인 종이에 볼펜으로 무엇인가를 쓰는 것이었어요.

볼펜을 내려놓은 다음에는 그 옆에 있는 어떤 종이를 손으로 집어 들고 일어서는 것이었어요. 그 종이에 쓰인 제목도 보였어요. 엄청나게 큰 글씨로 쓰여 있었거든요.

'저것이 바로 학부모 참관록[1]이라는 것이구나!'

그랬어요. 그것은 학부모님들이 자녀의 수업 태도를 관찰하면서 쓰신다는 그 유명한 학부모 참관록이었지요.

학부모님들은 한 손에는 필기도구를, 다른 한 손에는 이 종이를 들고는 복도를 어슬렁거리기도 했고, 열려 있는 창문을 통해 교실 안을 들여다보기도 했죠. 자녀가 앉아 있는 위치를 미리 알아 두려는 듯 말이에요. 그러는 도중 선생님과 눈이 마주치기라도 하면 가볍게 인사를 나누는 것이었어요.

'나도 이제 슬슬 내 자리로 들어가 볼까?'

돌이가 이제 막 들어가려고 하는데, 선생님의 목소리가 들려왔어요.

'나를 부르려는 것이구나! 내가 왔는지 안 왔는지 확인을 해 보려고…'

돌이는 소리 나는 쪽을 향해 귀를 바짝 기울였어요.

한편, 수업 준비를 마친 선생님께서는,

---

[1] 참관록이란 어떤 자리에 참여하여 직접 본 것을 기록하는 문서를 말한다. 여기에서는 학부모 참관록으로서 학부모님들이 자녀의 수업 태도 등을 보고 수업을 잘 받고 있는지를 점검하고, 담임 선생님께 상담드리고 싶은 내용이 있으면 간단하게 쓰게 되어 있다. 일정한 형식이 있는 것은 아니므로 학교마다 다를 수 있다.

"어린이 여러분! 자리에 앉아 수업 준비를 해 주십시오. 곧 수업을 시작하겠어요."

라고 말씀하시더니 복도로 나가는 것이었어요.

'선생님! 저는 여기 있어요. 여기!'

교실로 들어온 돌이는 선생님을 바라보며 크게 외치고 싶었지만, 그만두었어요.

돌이의 마음과는 달리 선생님께서는 전혀 눈치채지 못하시는 것 같았어요. 돌이도 온 것을 말이에요. 그러는가 싶더니,

"어머님들! 뒤로 들어오십시오."

라고 말하고는 다시 교실로 들어가시는 거 있죠?

'선생님! 저도 왔어요. 돌이도 왔다고요. 돌이도.'

돌이가 다시 또 외쳐 보려 하는데, 눈치 없는 선생님께서는 긴장한 빛이 감도는 아이들을 바라보며, 이렇게 말씀하시기만 할 뿐이었죠.

"자! 그러면 먼저 국어 34쪽, 35쪽을 펴길 바랍니다. 꽃씨란 시가 나오는데, 장면을 상상하며 이 시를 읽어 보도록 하겠어요.[2] 그다음에는 그 장면에 알맞은 느낌을 살려 읽어 보도록 하겠습니다."

말씀이 끝나자, 지난번에 리코더로 장난쳤던 그 아이가 손을 번쩍 드는 것이 아니겠어요? 할 말이 있다는 듯이 말이에요.

선생님께서는 그 아이를 바라보며,

---

[2] 교육부, 『국어 4-1 가』, ㈜미래엔, 2022, 34~35쪽, 교사용지도서 118~119쪽.

"질문 있으면 말해 보세요."

라고 말했어요.

그 아이는 오늘도 장난을 치던 그 리코더를 책상 위에 올려놓더니, 벌떡 일어섰죠. 그러더니,

"우리가 쓴 시는 언제 발표하나요?"

라고 말했어요. 그 말을 듣고 아이들은,

"크! 크! 큭!"

하는 소리를 내며 웃었어요.

여기저기에서 웃음소리가 터져 나왔지요. 돌이도 물론 다른 아이들과 함께 웃었어요. 그렇게 웃는 아이들은 대부분 이런 생각을 하는 것 같았어요.

'칠판에 쓰여 있는데, 그것도 활동 2에…. 그런 질문을 하다니, 어이가 없군!'

선생님께서도 우습다는 듯 조금은 웃음 띤 표정으로, 이렇게 말씀하였어요.

"지금 하고 있는, 그러니까 35쪽에 쓰여 있는 시를 다 함께 읽어 본 다음, 각자 써 온 시를 느낌을 살려 읽어 보도록 하겠어요. 그러니 좀 기다리세요."

아이들을 둘러보기도 하고, 학부모님들을 힐끔 쳐다보기도 하면서 말이에요.

"아! 예."

그 아이는 아무렇지도 않다는 듯 말하고는 책상 위에 올려놓은 리코더를 들더니 입에 대는 것이 아니겠어요?

깜짝 놀란 돌이는,

'안 돼, 불면 안 돼!'

라고 외쳤어요. 속으로 외쳤지만 말이에요.

선생님께서도 그 모습을 보시더니 가슴이 철렁했나 봐요. 재빨리 그 아이의 눈을 바라보며 손을 얼굴 가까이 가져가시더니, 검지만을 편 다음 입에 살짝 대는 것이었어요. 고개도 한두 번은 옆으로 가볍게 흔드셨죠. 이런 뜻으로 말이에요.

'지금은 좀 참아다오.'

간절하게 부탁하는 듯한 선생님의 표정을 본 그 아이는 리코더를 입에서 뗀 다음 무릎 위에 올려놓고는 만지작거리기만 했죠. 그리고는 어서 빨리 발표하고 싶다는 듯 자신이 써 온 시만을 뚫어지게 바라보고 있는 것이었어요.

"자! 그러면 다 같이 느낌을 살려 읽어 보도록 하겠어요. '꽃씨'라는 제목을 읽고, 그다음은 지은이, 그리고 그다음은 내용을 읽는 것으로 하겠습니다. 자! 그러면, 꽃씨 시작!"

선생님의 말씀이 떨어지자마자 아이들은 모두,

"쿵! 쿵!"

하는 소리를 내며 목청을 돋웠어요. 그러더니 한꺼번에,

"꽃, 씨"

라고 또박또박 소리를 내며 읽기 시작했어요.

물론 돌이도 같이 읽었어요. "꽃, 씨"라고 말이에요. 다른 아이들처럼 아주 큰 소리로.

그런데 좀 반응이 이상했어요. 특히, 현지의 표정이 이해되지 않는 것이었어요.

사실, 현지는 바짝 긴장하고 귀를 쫑긋 세우고 있었지요.

'아니, 어디서 이상한 소리가 나는 것일까?'

입으로는 꽃씨를 낭송하고 있었지만, 온몸의 신경은 점점 더 이상한 소리가 나는 쪽으로 쏠리고 있었죠.

리코더를 든 아이의 손도 딱 멈췄지요. 무엇인가 이상한 소리가 들린 것 같았기 때문이었죠.

"찍찍! 찍찍!"

작은 동물의 울음소리처럼 들렸지만 확실치는 않은 것 같았어요. 다시 또 리코더를 만지작거리며 빨리 발표할 시간이 오기만을 기다렸어요.

교실 뒤쪽에 계신 학부모님들 또한 자녀가 어떤 감정으로 읽는지를 들어 보기 위해 자신의 자녀만을 뚫어지게 바라보고 있었어요. 흐뭇한 미소를 짓는 분들도 있었고, 그와는 반대로 덤덤한 표정을 짓고

있는 분들도 있었지요.

어떤 분은 참관록을 보더니 '자녀의 수업 태도는 어떠한가?'라는 줄에서 5점 칸을 찾아 O표를 했고, 어떤 분은 웃으면서 '평가만큼은 공정하게 해야 한다.'라는 생각에서 3점 칸에 O표를 하기도 했죠.

선생님은 아이들과 학부모님들의 반응을 살피며 수업을 이끌고 있었어요. 지금까지는 계획대로 잘 진행되고 있었지요.

"자! 그러면 지금부터는 여러분들이 정성 들여 써 온 시를 낭송해 보도록 하겠어요. 방금 읽은 것처럼 느낌을 살려 어울리는 목소리로 읽어 봅니다. 발표는 모둠의 구성원이 한꺼번에 나온 다음, 한 사람씩 순서대로 읽고 들어가는 것으로 하겠습니다."

아이들은 설레는 마음을 주체할 수 없다는 듯 숨을 크게 몰아쉬고 있었어요. 때로는 선생님을 바라보기도 하고, 뒤쪽에 있는 부모님을 바라보기도 하고, 친구의 얼굴을 보며 눈짓을 하기도 했죠.

이런 행동들 속에 어떤 뜻이 담겨 있었는지는 잘 모르겠지만, 추측해 보면 대략 '난, 너무 떨려. 넌, 어때? 잘할 수 있겠어?'라는 뜻이 담겨 있는 것 같았어요.

'드디어 내가 나설 차례가 왔구나!'

때가 되었다고 느껴졌기 때문인지 긴장감이 밀려왔어요. 숨을 크게 들이마신 다음 내쉬었어요. 아이들이 웅성대고, 술렁이는 모습을 보니 돌이 역시 저도 모르게 가슴이 뛰기 시작하는 것이었어요.

돌이는 가까스로 마음을 진정시키며 자신이 쓴 시를 속으로 외워 봤어요. 많은 사람 앞에서 실수할 수는 없는 일이었으니까요.

'수없이 작은 꽃들이 서로 돕고 어울려, 한층 더 아름다운'

여기까지는 잘되었어요. 그런데 갑자기 문제가 생긴 것 같았어요. 그러면 안 되는데 말이에요.

'한층 더 아름다운, 뭐더라, 그다음은, 그다음은….'

너무 긴장한 탓인지 돌이는 그만 그다음 낱말을 잊어버리고 말았어요. 이를 어떡하죠?

허둥대면서도 시를 적어 놓은 종이를 찾기 위해 여기저기를 뒤지고 있는데, 그때 이런 소리가 들려왔어요.

"자! 그러면 1모둠, 앞으로 나오세요."

1모둠인 현지와 리코더를 든 아이, 그리고 다른 아이 2명이 앞으로 나왔어요. 가슴을 펴고 씩씩하게 걸어 나왔죠. 자신감이 있어서라기보다는 오히려 떨리는 마음을 감추려고 일부러 가슴을 펴고 나왔는지도 모르는 일이었죠.

발표 순서는 다른 아이 2명, 리코더를 든 아이 그리고 마지막이 현지였어요.

다른 아이 2명은 차분하게 발표를 잘했어요. 첫 번째 아이가 발표한 시는 '나에게 찾아온 봄'을 노래한 시였고, 두 번째 아이가 발표한 시는 '숙제는 지겨워'를 읊은 시였어요.

느낌을 살리지 못하고 떨리는 목소리로, 그것도 들릴까 말까 한 작은 소리로 읽었지만 그래도 잘 넘어갔어요.

발표가 끝날 때마다 큰 박수 소리가 터져 나왔어요. 특히, 학부모님들 사이에서 좀 더 큰 박수 소리가 터져 나오고 있었지요.

다음은 리코더를 든 아이 차례가 되었어요. 그 아이는 공책을 펼치더니 마치 들어 보라는 듯,

"공부, 난 이 세상에서 공부가 제일 싫어. 공부의 '공'자만 들어가도 싫어. 이렇게 싫은 공부를 왜 해야 하는 걸까?"

라고 말하는 것이 아니겠어요? 아이들 사이에서는,

"크! 크! 큭!"

하는 소리가 터져 나왔어요. 심각한 표정으로 듣고 있는 학부모님들도 있었고, 귀엽다는 듯 웃음을 머금고 있는 학부모님들도 있

었지요.

선생님은 담담한 표정으로 천장만을 바라볼 뿐이었죠.

그런데 이것은 또 웬일일까요? 길쭉한 무엇인가가 있는 것이 아니겠어요?

'아니! 저것은.'

갑자기 불길한 예감이 들었지요.

'설마! 쥐의 꼬리는 아니겠지.'

선생님은 그것이 쥐의 꼬리가 아니기를 바라고 또 바랐어요. 점점 더 빨리 뛰는 맥박을 느끼며 조마조마한 마음으로 천장을 올려다보았죠.

그렇지만 아무것도 보이지 않았어요. 분명 천장에서는 무언가가 움직이고 있는 것처럼 느껴졌지만 말이에요.

그렇다고 하여 그곳만을 계속 바라볼 수는 없는 일이었지요.

선생님이 어느 한 곳을 집중적으로 바라보게 되면 아이들도, 학부모님들도 호기심 어린 눈빛으로 그쪽만을 바라볼지도 모르는 일이었거든요.

'아닐 거야, 아닐 거야.'

아니기만을 바라는 간절한 마음으로 눈을 꼭 감은 선생님은 아이들 쪽으로 고개를 돌렸어요. 아무렇지도 않다는 듯이 말이에요. 가슴은 여전히 뛰고 있었지만 말이에요.

눈을 살짝 뜬 다음, 담담한 표정으로 발표하고 있는 그 아이를 바라보고 있는데,

"노는 게 젤 좋아. 노는 게."

라는 말로 끝을 맺고 있었지요. 그러더니, 인사를 꾸벅하고는 자기 자리로 들어가는 것이었어요.

돌이도 이제는 자기 차례가 되었다는 것을 직감했기 때문인지, 서두르기 시작했어요. 빨리 그 종이를 찾지 않으면 안 되었지요. 느긋하게 있을 때는 아니었죠.

아이들은 키득키득 웃고 있었고, 학부모님들은 손뼉을 칠까 말까 망설이는 눈치였어요.

선생님도 망설이는 눈치였으나 곧,

"자! 우리, 리코더를 든 학생에게 큰 박수 부탁드립니다."

라고 말하자, 그제야 손뼉을 크게 치기 시작했죠.

박수 소리를 듣자 그 아이는 벌떡 일어섰고, 손에 들고 있던 리코

더를 입에 대더니 느닷없이,

"삑! 삐익! 삐이익!"

하는 소리를 내기 시작하는 것이 아니겠어요? 답례라도 하듯 말이에요.

그렇지만 선생님은 온몸으로 파고들어 오는 소름에 심장이 멈춘 것처럼 그만 그 자리에 얼어붙고 말았지요. 속으로는,

'안 돼! 안 돼!'

라는 말만을 있는 힘껏 외치면서 말이에요.

공교롭게도 얼어붙은 심장에서 나올 수 있는 소리는 하나도 없었어요. 입에서만 맴돌고 있었을 뿐 입 밖으로는 흘러나오지 않는 것이었죠.

얼음장처럼 얼어붙은 선생님의 모습에도 아랑곳하지 않고 그 아이는 다른 아이들을 바라보며, 오른쪽 손을 들어 검지와 중지로 브이자(V)를 만들더니 마구 흔들기 시작했어요. 그것으로 부족했던지 이번에는 자리에서 벌떡 일어나는 것이 아니겠어요?

자기 자리 옆으로 좀 나오더니, 학부모님들을 바라보며 꾸벅 인사를 하는가 싶었는데, 다시 또 리코더를 입에 대고 불기 시작했죠. 그것도 있는 힘껏 말이에요.

"삑! 삐익! 삐이익!"

음정도 박자도 맞지 않는 리코더의 불협화음이 시끌벅적한 교실의

구석구석으로 울려 퍼졌지요. 교실의 창문을 넘어 복도로 다시 또 천장으로 퍼져 나갔어요.

"삐!"

"삐익!"

"삐이삑 삐삑!"

얼마나 시끄럽던지 귀를 막는 아이들도 있었고, 얼굴을 찡그리는 학부모님들도 생겨났죠.

'안 돼! 그만해!'

선생님은 온 힘을 다해 외쳐 대고 있었지만 정작 말로는 나오지 않았어요. 얼어붙은 심장은 입술마저 얼어붙게 만든 것이었지요.

그런데 그때였어요.

"탁!"

하는 소리가 난 것은.

무엇인가가 떨어진 것이었죠. 천장에서 무엇인가가 뚝 떨어진 것이 아니겠어요?

긴 꼬리에 털이 숭숭 난 어떤 것이 말이에요. 지금까지 본 적이 없던 어떤 것이 말이에요.

더욱이 지금, 이 순간에, 이 교실에 있어서는 안 될 어떤 것이 말이에요.

내 말을 못 알아듣는 것일까?

 자신이 쓴 시를 찾아 허둥대던 돌이는 갑자기 들려오는 리코더 소리를 듣고 깜짝 놀랐어요. 앞발이 미끄러지면서 그만 몸의 균형을 잃고 만 것이었지요.

 자기 차례가 왔다고 생각하니 더욱더 조바심이 났고, 그 때문에 균형 감각이 많이 떨어져 있던 것이었죠.

 발을 헛디뎌 미끄러지자, 돌이는 더는 몸을 가눌 수가 없었지요. 저도 모르는 사이에 아래로, 아래쪽을 향해 떨어지고 있었어요. 손으로 무엇인가를 잡으려 해도 잡히지 않았고, 발로 잡으려 해도 소용없는 일이었죠.

 아래쪽으로, 아래쪽을 향해 한없이 빨려 들어가듯 그렇게 떨어지고 있을 뿐이었지요.

 한편, 발표 순서가 된 현지는 앞으로 조금 나왔어요. 두 손을 가지런히 모은 다음 인사를 꾸벅했어요. 공책도 폈고요.

 "쿵! 쿵!"

목소리를 가다듬고는 펼쳐진 공책을 보며,

"제목, 고양이."

라고 말했어요. 아주 큰 소리로 말이에요.

"나의 다정한 친구는 고양이에요."

첫 행을 낭송하려던 바로 그 순간이었죠. 무엇인가가 떨어지는 느낌이 든 것. 천장에서 무엇인지도 모를 어떤 것이 빠른 속도로 떨어지는 것이 아니겠어요?

그러더니 별안간,

"틱!"

하는 소리와 함께 들고 있던 공책도 바닥으로 떨어지는 거 있죠?

"툭!"

무언가가 바닥에 닿는 소리가 들려왔어요. 그러는가 싶더니 그 무언가가 교실 바닥을 구르지 뭐예요. 뒤집힌 공책 안에서 데굴데굴 굴러가는 것이었어요.

그러더니 딱 멈췄어요. 무엇인지는 모르겠지만, 멈췄죠. 무시무시한 그 어떤 것이 말이에요.

현지는 떨리는 마음을 가까스로 진정시키며,

'대체 뭘까?'

라는 생각으로 그것을 찬찬히 들여다보았어요.

그런데 글쎄, 그것이 공책 밑에서 슬금슬금 기어 나오더니 이번에는 발발거리며 도망치는 것이 아니겠어요?

그러고 보니 진짜로 무언가 움직이고 있는 것이었어요. 온몸에는 검은색과 흰색의 털이 숭숭 나 있는 어떤 것이었지요. 네 발로 움직이는 어떤 것, 꼬리를 길게 늘어뜨린 어떤 것이 말이에요.

그토록 징그러운 것이 겁에 질려 발발거리며 선생님이 있는 쪽으로 달려가고 있었지요. 너무 급히 가려 해서 그런지 이리 미끄러지고 저리 미끄러지면서 말이에요.

긴 꼬리가 달린 어떤 것이 비틀비틀하며 선생님이 있는 쪽으로 달려가는 것을 본 현지는,

"꺄~악!"

하는 소리를 질렀어요. 그러고는 그 자리에 주저앉고 말았지요.

리코더를 분 그 아이는 그 즉시 손에 들고 있던 리코더를 휘두르며 선생님이 있는 곳으로 달려가는 거 있죠? 그러더니 쥐를 향해 리코더를 마구 휘둘러 대는 것이었어요.

선생님은 자신에게 다가오는 쥐를 바라보며 아무런 말이 없었어요. 아무런 생각도 떠오르지 않았죠. 이 상황을 어떻게 수습해야 할지도 몰랐고요. 한번 얼어붙은 심장은 사고의 기능마저 얼어붙게 했고, 판단조차 할 수 없게 만들었죠. 이런 경험은 처음이라 그저 멍하니 바라만 보고 있을 뿐이었지요.

설마 했던 일이 이렇게 실제로 일어날 줄은 꿈에도 몰랐던 것이었죠. 정말로 어이없는 일이 벌어지고 만 것이었지요.

얼어붙은 선생님이 멍하니 있는 틈을 이용하여 자리에 앉아 있던 아이들은 리코더를 든 아이를 따라 그쪽으로 우르르 몰려갔어요.

자신을 따라오는 모습에 흥분했기 때문인지, 그 아이는 마치 자신이 '피리 부는 사나이'라도 된 것처럼 리코더를 마구 불어 대는 것이었어요. 그러는가 싶으면, 어느새

"이쪽이다. 이쪽!"

이라는 소리를 질러 대며, 이리 뛰고 저리 뛰어다녔죠.

몸은 쑤시고 아팠지만, 가까스로 정신을 차린 돌이는 선생님의 자리를 지나 벽에 붙다시피 하여 교실의 뒤쪽으로 이동했어요. 그러면서 외쳤지요.

"나야, 나. 돌이라고. 돌이. 이번에 4학년 1반이 된 돌이라고…."

그렇지만 그런 말이 그 아이들에게는 들리지 않는 것 같았어요.

다행히도 벽에 바짝 붙어 그런지, 붙잡힐 염려는 없었지요. 그렇지만 돌이의 간절한 외침은 통하지 않았고, 오히려 이 아이들에게 자신의 위치를 알려 주는 신호처럼 들려나 봐요.

"야! 여기야, 여기. 여기에서 '찍! 찍!' 이런 소리가 들려."

돌이의 외침이 들리는 쪽을 향해 우르르 몰려갔죠.

"야! 이쪽으로 와. 이쪽으로. 이쪽에서도 들려."

아이들 또한 신이라도 난 듯 찍찍 소리가 나는 쪽을 향해 우르르 몰려다녔지요.

돌이는 학부모님들이 쭉 늘어서 있는 쪽으로 들어갔어요. 그쪽으로 가면 사물함이 있고, 사물함의 틈을 이용하면 당분간은 버틸 수 있을 것 같았거든요. 그 때문에 그쪽을 향해 힘껏 뛰어갔던 것이었죠.

리코더를 분 그 아이는 무서웠어요. 무시무시할 정도로 무서웠죠. 같은 반에 이렇게 무섭고 폭력적인 아이가 있으리라고는 꿈에도 몰랐거든요.

그 아이가 리코더를 마구 흔들어 대는 바람에 머리 부분이 살짝 스치기도 했어요. 정말 아찔했죠. 소리를 마구 질렀어요. 아니, 절로 솟구쳐 나왔지요.

"사람 살려! 사람 살려!"

위기에 몰린 돌이는 있는 힘껏 외쳤고 또 외쳤어요.

그런데 이상하게도 그 아이들은,

"야! 이번에는 이쪽에서 소리가 난다. 이쪽이야, 이쪽! 이쪽에서 '찍찍' 하는 소리가 나."

라고 말하며, 다시 또 소리 나는 쪽으로 몰려갔죠.

돌이는 혼란스러웠어요.

'내 말을 못 알아듣는 것일까?'

의심이 들기 시작했죠. 그렇지만 그런 생각을 하고 있을 때는 아닌 것 같았어요.

우선은 살고 볼 일이었죠. 가까스로 교실 뒤쪽까지 온 돌이는 학부모님들의 다리 사이를 쏜살같이 뚫고 지나갔어요.

여자아이들의 학부모님들은 대부분 이미 교실 밖으로 피한 상태였죠. 자녀들을 데리고 말이에요.

그렇지만 그렇지 않은 아이들도 있었어요. 한두 명의 여자아이들은 극성스러웠고 남다른 호기심을 보이기도 했어요. 그 아이들은 남자아이들과 어울려 이리 뛰고 저리 뛰어다녔지요.

남자아이들의 학부모님들은 대부분 우르르 몰려다니는 자기 자녀들을 말리기 위해 자녀의 이름을 부르며 이리저리 돌아다녔어요. 그렇지만 아무런 소용이 없었죠. 말을 듣는 남자아이들은 없었으니까요. 무엇이 그리 재미있는지 이리저리 돌아다닐 뿐이었지요. 이보다 더 재미있는 일은 일찍이 없었다는 듯이 말이에요.

몇몇 학부모들은 그 자리에서 넋을 잃은 채 혼란에 휩싸인 교실을 지켜보다 정신이 들었는지, 발바닥 근처로 다가온 쥐를 보고는 발만 동동 구를 뿐이었어요.

그러다가 어떤 분은 넘어질 뻔했는데, 다행히도 넘어지지는 않았죠. 다시 중심을 잡은 다음에는 복도로 살금살금 걸어 나갔지요.

어이없는 상황에서 그저 멍하니 서 있던 선생님의 머릿속에 하나의 생각이 떠올랐어요. 얼어붙은 심장이 조금은 녹은 것일까요? 그렇지만 완전히 녹지는 않은 것 같았어요.

선생님의 마음속에 그때 왜 이런 생각이 떠올랐는지, 그 이유는 알 수 없는 일이었죠. 저도 모르게 떠올랐거든요.

'아! 예쁘다.'

크나큰 아름다움이 바로 그 순간 선생님을 덮친 것이었죠. 별꼴이었지만, 사실이었지요.

'쥐눈이콩[1]이라고 하더니….'

그러고 보면, 지금 본 그 쥐의 눈이 옛날에 보았던 어떤 검은콩의 모습과 꽤 닮았던 것이었죠.

'어쩜, 그렇게 똑같을 수가 있을까?'

반짝반짝 빛을 내는 쥐의 눈을 봤을 때, 그 모습은 꼭 윤기 나는 검은콩과 같았어요. 이를테면 쥐눈이콩과 똑같았던 것이었죠.

사실, '쥐눈이콩'이란 이름은 그 콩의 모습이 조금 작지만, 윤기 나는 쥐의 눈과 닮았다고 해서 붙여진 이름이었죠.

---

[1] 검은콩의 한 종류로 껍질은 까맣고 크기는 보통 검은콩보다 훨씬 작아 마치 쥐의 눈처럼 생겼다고 하여 쥐눈이콩으로 불린다. 옛날부터 식용보다는 약재용으로 많이 쓰였다. 서목태(鼠目太)라고도 한다.

그렇지만 그때 왜 그런 생각이 떠올랐는지는, 왜 그런 아름다움이 덮쳐 왔는지도 아무도 모르는 일이었지요.

정신을 차려 보니 이런 말이 희미하게 들려왔어요.

"머리에서 피를 흘리던데, 괜찮을까?"

한편, 그동안 칠판 앞에 주저앉아 있던 현지의 마음속에도 이런 소리가 들려왔어요.

"아이고, 불쌍해라."

쥐에 대해, 들쥐에 대해서도 동정심을 느꼈던 현지의 귀에도 이때 비로소 동정의 말들이 들려온 것이었지요.

무서웠지만 자리에서 벌떡 일어난 현지는 교실 뒤편을 살펴보았어요. 그랬더니, 머리에서 피를 흘리는 생쥐가 찍찍대며 사물함 뒤로 들어가는 것이 아니겠어요?

"얘들아! 그만해, 그만!"

현지는 아이들을 향해 외쳤어요. 우르르 몰려다니는 아이들을 향해 큰 소리로 말이에요.

"살려 달라는 말도 안 들려? 살려 달라고 찍찍대잖아."

현지의 입에서는 저도 모르게 이런 말들이 흘러나오고 있었죠. 자신이 한 말에 그 자신도 놀랐지만, 그러고 보면 쥐에 대한 동정심이 불꽃처럼 다시 또 일어난 것이 아니었을까요?

그 때문인지 아닌지는 모르겠지만, 아이들은 주춤하더니 슬금슬금 자기 자리로 돌아오고 있었어요. 힘없이 말이에요.

마지막으로는.

"아깝다. 조금만 더 잘 쳤으면 명중시키는 거였는데."

라는 말을 하면서 돌아오는 아이도 있었지요.

그러고 보니 그 아이는 리코더를 불어 대며 소란을 피운 그 아이였죠.

"자! 그만 자리에 앉도록."

이제는 선생님께서도 아이들을 자기 자리에 앉도록 했어요. 정신을 완전히 차리셨나 봐요. 눈동자도 표정도 평소와 다름없었으니까요.

아이들은 자리에 앉자마자 다시 또 방금 일어났던 일로 웅성거리기 시작했죠. 그런 아이들을 바라보며 선생님은 이렇게 말했어요. 엄숙하게 말이에요.

"그러면 이것으로 수업을 마치도록 하겠어요."

수업은 혼란 속에서 끝났어요. 공개수업은 엉망진창이 되었고, 결국 그렇게 끝나고 말았지요.

아이들은 선생님께 인사를 드린 다음 부모님의 손을 잡고 돌아갔어요. 정말 재미있었다는 듯이 말이에요.

그렇지만 현지의 마음은 무거웠어요.

'어떻게 되었을까? 무사했으면 좋을 텐데.'

걱정만이 들 뿐이었죠. 생쥐를 잘 지켜 주지 못한 것이 후회도 되었고요.

'좀 더 일찍 말렸어야 했는데.'

한편, 리코더를 분 그 아이는 정말 재미있었다는 표정으로 돌아갔어요.

'조금만 더 잘했으면 명중시키는 거였는데.'

큰 아쉬움을 안고 말이에요.

'다음에는 꼭 명중시켜야지.'

다짐까지 하면서 말이에요.

텅 빈 교실에 홀로 앉아 계신 선생님께서는 이 일을 어떻게 수습하면 좋을지, 그 방법을 찾아보지만 소용없는 일이었죠.

교실에 설치된 TV에서는 교장 선생님의 말씀이 흘러나오고 있었어요. 그러고 보니, 지금의 이 시간은 학부모총회 시간이었지요.

새로 설치된 친환경 학교 시설과 '생태 전환 교육[2]'과 관련된 신학년도 학교 교육과정[3]에 관한 설명을 하셨을 텐데, 언제 지나갔는지도 모르게 지나갔어요.

정신을 차려 보니 TV 화면에서는,

---

2 생태 전환 교육이란 생태환경, 즉 자연환경 보호를 기본 바탕으로 한 교육을 말한다.
3 학교 교육과정이란 한 학교의 총체적인 교육계획을 말한다.

"다시 살아난 붉은여우⁴는 우리나라의 멸종 위기 야생동물 1급으로 지정되어 보호받는 동물로서….."

라는 말이 흘러나오고 있었어요.

그렇지만 선생님의 귀에는 아무런 말도 들리지 않았어요. 아이들에 대한 걱정만이 감돌고 있었죠.

'아이들은 놀라지 않았을까?'

---

4 붉은여우는 전체적으로 홀쭉하고, 주둥이는 길고 뾰족하다. 귀의 뒷부분과 네 다리 밑은 다른 부위보다 빛깔이 어둡고, 꼬리는 굵고 긴데 끝은 희거나 검다. 단독 또는 암수 한 쌍, 아기 여우 등 가족이 함께 굴을 파고 집단생활을 하며, 대체로 토끼 들쥐 꿩 너구리 등 작은 동물을 잡아먹는다(두산백과). 한국의 토종 붉은여우(불여우)는 멸종했다고 알려져 있었지만 최근 환경부의 노력으로 번식에 성공했다고 한다. 2012년 멸종 위기 야생동물 1급으로 지정되어 보호되고 있다.

너의 잔인함을 만족시키기 위해 그렇게 했을 뿐이잖아

다음 날.

아침 일찍 출근한 선생님은 아이들이 교실로 들어오는 모습을 지켜봤어요. 8시 50분쯤, 마지막으로 21번째 아이가 들어오자 안도의 한숨을 내쉬었지요.

'그래도 다 왔구나! 많이 놀랐을 텐데.'

등교한 아이들은 교실에 비치된 책을 읽고 있었지만, 어제의 그 일에 대해 말하고 싶은 눈치였어요.

소곤소곤하는 아이들이 한두 명 늘어나더니 마침내,

"그래도 내가 제일 용감했어."

라고 말하는 아이가 나타났죠. 그러고 보니, 어제 리코더를 들고 다니던 그 아이였어요.

"그건 용감한 것이 아니라 비겁한 거야. 비겁한 거."

현지였어요.

"그게 왜 비겁한 거야. 용감한 거지. 그리고 난 말이야. 그래도 너희들이 무서워하는 것 같아. 우리 반을 대표해서 쥐를 잡으려 했을 뿐이라고."

리코더를 든 아이는 자랑스럽다는 듯 이렇게 말하는 것이었어요.

현지는 기가 막혔어요. 끓어오르는 화를 참으며 이렇게 말했어요. 어제 자신을 따르던 아이들을 생각하며 말이에요.

"그런, 말도 되지 않는 말은 하지도 마. 우리는 그렇게 해 달라고 너에게 부탁한 적이 없으니까. 그리고 우리 반의 대표는 학급회장이나 부회장이지, 넌 아니야. 그러니까 함부로 대표 행세, 하지 마."

"야! 정말 너무하네. 그래도 난 겁에 질린 너희들을 위해…."

리코더를 든 아이는 정말 억울하다는 표정으로 현지를 보며 말했어요.

현지는 그런 모습이 더 마음에 들지 않았어요. 들으면 들을수록 화만 났죠. 그 아이는 자신의 공격 본능을 교묘하게 감추면서 마치 다른 사람을 위해 착한 일이라도 한 것처럼 떠벌리고 있었기 때문이었죠. 현지에게는 그 아이의 그런 교활함이 뻔히 보였고, 그 때문에 더욱더 화가 난 것이었지요.

"자꾸자꾸 말끝마다 '너희들', '너희들을 위해'라고 말하는데, 우리들을 위해 그런 것이 아니겠지. 우리들이 아니라 넌, 단지 너의 잔인한 공격성을 만족시키기 위해 그렇게 했을 뿐이잖아. 공부도 싫고, 수업도 망쳐 놓으려고 일부러 그렇게 한 것을, 마치 우리들을 위해 그렇게 한 것처럼 그럴듯하게 말하지 않았으면 좋겠어."

리코더를 든 아이는 자신의 속마음이 들킨 것 같아 깜짝 놀랐어요. 아무런 말도 할 수 없었지요.

반 아이들은 이 두 아이가 하는 말을 듣고 있었어요. 한두 명의 아이들이 귀를 기울이더니, 이제는 다른 아이들도 모두 귀를 기울이며 심상치 않게 오고 가는 대화를 듣고 있는 것이 아니겠어요?

선생님도 이 아이들의 대화를 말없이 듣고 있었죠.

그런데 어제는 쥐를 잡기 위해 리코더를 든 아이를 따라 우르르 몰려다녔던 아이들이 오늘은 이상하게도 현지의 말에 귀를 기울이는 것이었어요. 따르고자 하는 대상이 조금씩 바뀌어 가고 있었지요.

그러더니 이제는,

"그래, 현지 말이 맞아."

라고 말하며, 현지의 편을 드는 아이들이 점점 더 늘어나는 것이었어요.

"우리 엄마도 처음에는 눈살을 찌푸렸지만, 생쥐가 피를 흘리는 모습을 보시더니 너무한다고 하셨어. 정말 잔인하다고 말이야."

이제는 점점 더 많은 아이가 리코더를 든 아이를 공격하기 시작했어요.

"내가 잔인하게 행동했다고? 너희들, 이제 와서 정말 그러기야?"

예상치도 못한 아이들의 말에 리코더를 든 아이는 좀 놀랐어요.

"네가 너무한 건 사실이잖아. 살려 줘도 되었는데, 그렇게까지 할 필요는 없었는데 말이야."

아이들이 하는 이런 말에 배신감도 좀 들었나 봐요. 어제는 그처럼 자신을 따르던 아이들이 말이에요. 그 때문인지, 리코더를 든 아이는 자기 뜻을 좀 더 강하게 말해야 했지요.

"너무하긴 뭐가 너무하다는 거야? 그런 쥐는 리코더로 맞아도 싸다고. 맞아 죽어도."

리코더를 든 아이는 마치 자기 뜻이 옳다는 듯이 큰 소리로 말하는 것이었어요.

"야! 너, 넌 말이야. 안 되겠네. 안 되겠어."

현지는 기가 막힌다는 표정으로 경멸하듯 말했어요. 그렇지만 현지 자신도 왜 그렇게 쥐의 편에 서서 말을 하고 있는지는 알 수 없는 일이었지요.

그러고 보면 현지도 어느새 싫은 동물도 보호해야겠다는 생각이 좀 더 깊어진 것이 아니었을까요? 이제는 동정심뿐 아니라 그런 동정심에 바탕을 둔 행동도 조금씩 나오는 것 같았거든요. 아무튼, 마음의 방향이나 행동의 방향은 저도 모르게 그쪽을 향해 점점 더 깊이 움직이고 있었지요.

"뭐가 안 된다는 거야? 왜 때리거나 죽이면 안 된다는 거냐고!"

리코더를 든 아이도 지지 않으려는 듯 목청을 높여 현지에게 대들었죠. 큰소리를 치는 것으로써 자기 뜻이 옳다는 것을 보여 주려는 듯이 말이에요. 화를 내는 것이 옳다는 것을 증명하는 가장 좋은 방법임을 보여 주려는 듯이 말이에요. 잘못된 방법이었는데도 말이죠.

그렇지만 현지는 그런 속임수에는 넘어가지 않았어요. 근거 없는 주장을 받아들일 수는 없는 일이었죠. 현지는 더욱더 차분한 목소리로 또박또박 자기 생각을 말해 줬어요. 마치 리코더를 든 아이의 태도나 말투가 잘못되었다는 것을 보여 주려는 듯이 말이에요. 그런 식으로는 절대 안 된다는 것을 보여 주기 위해 말이에요.

"도망가도록 했으면 그것으로 됐지. 그렇게 꼭 때릴 건 또 뭐냐? 그것은 네가 다른 아이들을 그렇게 때리고 싶으니까, 그런 마음이 쥐를 향해 나타난 게 아닐까?"

현지는 그 아이를 바라보며 자신의 주장을 차분하게 말했어요.

"그래, 맞아. 너의 잔인함을 드러낸 것일 뿐이야. 현지의 말이 다 맞아."

이 둘의 이야기를 듣고 있던 어떤 아이가 현지의 편을 들며 말했어요. 남자 학급회장이었어요.

이때부터는 아이들이 저마다 한마디씩 하는 것으로 분위기는 흘러갔어요.

선생님께서는 이 모습을 지켜만 보고 있었을 뿐 대화에 참여하지는 않으셨죠. 그 때문인지, 아이들은 제 생각을 거리낌 없이 말할 수 있었지요.

리코더를 든 아이는 할 말이 없다는 듯, 어이없는 표정을 짓고 있었어요. 모두에게 배신을 당했다는 표정을 짓고 말이에요. 그러면서도 리코더를 들고는,

"똑! 똑!"

하는 소리가 날 정도로 책상을 내리치고 있었어요. 다리도 덜덜 떨며 말이에요. 이런 버릇이 나오는 것을 보면 꽤 궁지에 몰렸나 봐요.

"너의 잔인함을 만족시키기 위해 그렇게 쥐를 끈질기게 쫓아다니며 괴롭히고, 결국에는 때려죽이려 한 것을 마치 우리를 위해 한 것처럼 말하지 않았으면 좋겠어. 나도 현지의 말에 찬성해."

이번에도 남자 학급회장이 일어나 이렇게 말했어요. 그러자 여자

학급회장도 다음과 같이 말했어요.

"맞아. 넌 우리 반의 대표가 될 자격이 없어. 우리 반을 대표하여 그런 행동을 했다는 말은 제발 좀 하지 않았으면 좋겠어. 그리고 너의 그 폭력적인 행동은 지난번에도 나타났잖아. 현지를 때리려고 했잖아. 그 리코더로…."

남자 부회장도 일어나더니 한마디 했죠.

"넌 쥐의 소중한 생명을 해치려고 했어. 모든 생명은 다 소중한데 말이야. 그런데 넌 그렇게 보지 않았고, 특히 쥐의 생명은 생명으로 보려고도 하지 않았어."

물론 여자 부회장도 일어나더니 한마디 하는 것이었어요.

"꼭 그렇게 했어야만 했을까? 우리 모두 다시 한번 어제의 상황을 되짚어 보자."

모두 현지의 말만 듣고, 자신의 말은 들어 보지도 않으려는 아이들에게 심한 배신감을 느꼈던지, 리코더를 든 그 아이는 억울하다는 표정으로 자기 자리에 주저앉아 버렸죠. 그러는가 싶더니 갑자기 벌떡 일어서는 것이 아니겠어요?

붉게 물든 그 아이의 얼굴에서 심상치 않은 기운을 느낀 선생님은 더는 안 되겠다고 생각하셨던지, 그 아이를 불렀어요. 그렇지만 그 아이는 너무도 흥분했기 때문인지, 들은 척도 하지 않는 거 있죠?

그 아이의 얼굴은 점점 더 짙은 붉은색으로 일그러졌고, 들고 있던 리코더를 머리 위로 들어 올리는 것이 아니겠어요? 마치 책상을 향해 있는 힘껏 내리치려는 듯이 말이에요.

그 모습을 본 아이들은 모두 눈을 질끈 감고는 귀도 꼭 막았지요. 그러고는,

"쾅!"

하는 소리와 함께 내리친 리코더가 수없이 많은 조각으로 박살 나며 사방으로 튀는 모습을 상상하고 있었죠.

그렇지만 고요한 정적만이 감돌 뿐 아무런 소리도 들려오지 않는 것이었어요.

한두 명씩 실눈을 뜨고 주변을 둘러보니, 높이 들어 올린 그 리코더를 선생님이 꽉 잡고 있는 것이 아니겠어요?

이상한 낌새를 눈치채고는 그 아이 몰래 그 아이 뒤로 이동하여 들어 올린 리코더를 뒤에서 붙잡은 것이었죠.

그 때문인지, 그 아이는 내리치고 싶어도 그럴 수가 없었어요. 몇 번이고 버둥거렸지만, 선생님의 손아귀에 든 리코더는 꿈쩍도 하지 않았죠.

그러고는 그 아이를 데리고 교실 앞쪽으로 발걸음을 옮기셨어요. 분이 풀리지 않았는지, 입이 주먹만 하게 나온 그 아이는 투덜거리며 터벅터벅 걸어갈 뿐이었지요. 선생님은 그 아이를 칠판 앞에 있는 별도의 책상에 앉도록 했어요.

"여기에 앉아 흥분을 가라앉히도록 해라. 마음이 차분해지고, 감정에 치우치지 않고 수업을 받을 수 있다고 생각되면 선생님께 오도록….”

선생님은 아주 차분한 목소리로 리코더를 든 아이에게 말했어요. 그 어느 때보다도 차분하고 엄숙하게 말이에요.

들쥐가 좋아하는 먹이에 독약을 넣었다고 하던데

선생님께서는 칠판 앞에 서서 반 아이들을 둘러보며 다음과 같이 말씀하셨어요.

"그래요. 쥐도 하나의 생명을 가진 동물입니다. 여러분이 좋아하는 강아지나 고양이만이 생명을 가진 동물이 아닙니다. 여러분이 좋아하지 않는 동물도 생명을 가졌고, 생명이란 점에서 보면 다 같이 소중합니다. 더 소중하고 덜 소중한 것이 없어요. 다 같이 소중할 뿐입니다. 그런 소중함의 정도는 여러분의 생명 못지않게 소중하다고 할 수 있습니다.

단 하나뿐인 생명, 그처럼 소중한 생명을 여러분은 어떻게 대했는지 잘 생각해 봅시다. 그리고 앞으로는 생명을 존중하기 위해 어떻게 해야 할지 생각해 봅시다. 특히, 자신이 좋아하지 않는 동물의 생명을 어떻게 보호해야 할지, 그 방법에 대해 생각해 보도록 합시다."

'맞아요. 선생님 말씀이 맞아요.'

현지도 깊은 생각에 잠겨 있었어요.

'자기가 좋아하는 동물은 소중히 여기지만 좋아하지 않는 동물은 그렇지 않은 것 같아요. 그런데 선생님 말씀을 듣고 보니, 그동안 좋아하지 않았던 동물도 소중히 해야겠다는 생각이 들었어요.'

선생님의 말씀이 현지의 마음에 더 깊이 파고들자, 자신이 지은 '내 친구 고양이'라는 시를 되새겨 보게 되었어요.

그랬더니, 심심할 때면 언제나 자신을 즐겁게 해 줬던 고양이만을 소중하게 생각해 왔다는 것을 깨닫게 되었지요.

그렇지만 이제는 달라졌어요. 어제의 그 사건으로 인해 많은 것이 달라졌죠. 생각도, 마음도, 행동도 많이 달라진 것 같았지요. 동정심도 이전보다 더 많이 늘어났고, 그런 생각에 힘입어 어제는 쥐를 보호하려 했고, 오늘도 이렇게 쥐의 편에 서서 이야기를 할 만큼 많이 달라져 있었지요.

그리고 보면 싫은 동물에 대한 동정심의 차원을 뛰어넘어 보호하려는 행동으로 나타난 것이었지요. 저도 모르게 말이에요.

앞으로는 이 일을 거울삼아 고양이뿐 아니라 그 고양이의 천적인 쥐도, 자신이 싫어했던 쥐도 더는 무서워하지 않고 귀엽게 보려고 하는데, 잘될지는 모르겠어요.

아직 그만큼의 자신감은 없는 것 같았어요. 아직도 쥐를 보면 움찔하고 가까이 가지 못할 것 같았거든요.

그리고 그런 것은 노력한다고 해서 효과가 금방 나타나는 것도 아닌 것 같았어요.

그렇지만 그런 노력을 게을리하지 않고 꾸준히 하다 보면, 그런 노력이 쌓이다 보면 좀 더 나아지지 않을까요?

이와 같은 생각에서 현지는 손을 들었어요. 발표할 것이 있었는가 봐요. 어쩌면, 좋은 생각이 떠올랐는지도 모르겠어요.

"선생님! 저는 제가 좋아하지 않는 동물을 그림으로 그려 보고, 그 동물이 가진 장점을 찾아보는 것도 좋을 것 같다고 생각합니다."

"좋아요. 아주 좋은 생각을 했어요. 그러면 여러분! 현지가 하는 말, 잘 들었죠? 자신이 좋아하지 않는 동물을 그리고, 그 동물이 가진 장점을 찾아봅시다.

아! 그리고 클레이로 그 동물을 만들어 보는 것도 좋을 것 같아요."

말씀을 마친 선생님께서는 모둠에서 한 명씩 나오도록 했어요. 물론 현지도 나왔죠. 나와서는 클레이 4개를 받아 갔어요. 그러고는 모둠 아이들과 함께 쥐를 아주 귀여운 모습으로 만들어 보았어요.

리코더를 든 그 아이도 마음이 진정되었는지, 선생님께
"죄송합니다."
라고 말씀드린 다음, 자리 자리로 돌아갔어요.

그렇지만 속상한 마음이 아직도 풀리지 않았는지 뚱한 표정만 짓고 있을 뿐이었지요.

선생님께서는 쥐눈이콩처럼 검고 윤기 나는 눈을 가진 어제의 그

143

들쥐를 생각하며 말씀하셨어요.

"동물들은 그 나름의 아름다움을 갖고 있어요. 그런 아름다움을 찾아보기 바랍니다.

새로운 시각에서 찬찬히 바라보다 보면, 그런 아름다움을 찾아낼 수 있을 텐데, 그러면 그 동물이 갑자기 사랑스럽게 느껴질 수 있어요.

그리고 '동물을 사랑하자.'라는 말을 좀 더 생각해 보면, 그 문장 안에는 '사랑스러운 동물들을 사랑하자.'라는 뜻도 있지만, 그보다는 오히려 '좋아하지 않았던 동물들도 이제부터는 사랑하는 마음을 갖고 보살피자.'라는 뜻이 들어 있다는 점이에요.

우리 4학년 1반 어린이들은 이런 뜻을 마음속 깊은 곳에 새겨 넣길 바랍니다.

지금까지는 사랑스러운 동물들만을 사랑했다면 지금부터는 그 마음을 좀 더 너그럽게 하여 좋아하지 않던 동물의 아름다움을 찾아내고, 그런 아름다움에 이끌려 그 동물도 사랑하는 마음을 가져 보도록 합니다. 그렇게 할 수 있겠죠?"

"예."

선생님은 아이들의 힘찬 대답을 들으며,

'미안하다! 좀 더 일찍 말렸어야 했는데. 그러면 다치지도 않았을 테고….'

라는 생각을 해 보았어요.

선생님의 말씀을 듣고 현지는 어제의 그 쥐가 가진 아름다움을 찾아보기로 했어요. 마음을 고쳐먹고 말이에요. 그전에 갖고 있던 안 좋은 생각들은 다 버리고 말이에요.

현지는 새로운 마음으로 들쥐의 모습을 떠올려 보았어요. 그러자 조금씩 달라져 보이는 거 있죠? 가장 무섭게 생각되었던 그 눈도, 까맣고 작은 콩처럼 생긴 그 눈도 조금은 덜 무섭게 느껴졌지요.

좋은 쪽으로 마음을 쓰다 보니 좋은 면이 그만큼 더 많이 보였어요. 자신감도 조금씩 더 생겨났죠.

발가락도 지저분하게만 생각되었는데, 그때 마침 좋은 생각이 떠올랐어요.

'옳지! 그러면 되겠구나!'

그러고 보면 현지에게 또 좋은 생각이 떠오른 것이었죠.

현지는 귀엽게 만든 쥐 모형을 바라보며 눈에는 예쁘고 멋진 선글라스를, 발에는 예쁜 양말을 신겨 보았어요. 그랬더니 정말 귀엽게 느껴지는 거 있죠?

'그래, 맞아. 이번에는 꼬리에도 그렇지, 예쁜 리본을 달아 주자.'

그랬어요. 그 동물이 가진 귀엽고 멋진 모습을 찾아내자, 두려움은 사라지고 친근감이 생겨나는 것이었어요. 자신감도 마찬가지였어요. 저도 모르게 조금씩 자라나는 것이었지요.

그때 선생님의 목소리가 들려왔어요.

"자! 2교시에는 놀이를 한번 해 보도록 하겠습니다."

'어떤 놀이일까?'

아이들은 호기심이 가득 찬 눈으로 선생님을 바라보았어요. 선생님께서는 그런 아이들을 사랑스럽게 바라보며 이렇게 말씀하셨죠.

"2교시에는 8자 놀이를 해 보겠어요. 8자처럼 생긴 통로를 만든 다음, 술래를 한 사람 정하고, 그 술래가 다른 사람들을 잡는 놀이이죠. 잡힌 사람들은 밖으로 나오고, 안 잡힌 사람들은 잡힐 때까지 이리저리 돌아다니고 뛰어다니는 놀이. 물론 술래는 술래라는 표시로서 머리에 뭘 써야 해요. 어제의 그 들쥐처럼, 쥐의 귀 모양처럼 생긴 머리띠를 쓰고 다른 아이들을 잡으면 되는 것이죠."

"어제는 우리가 쥐를 잡으려 했는데, 오늘은 반대로 쥐가 사람을

잡는 놀이예요?"

클레이로 쥐를 다 만든 현지가 여쭤봤어요.

"그래요. 맞아요. 8자 놀이를 하면서 우리 반 아이들과도 친해지고, 우리가 좋아하지 않았던 동물들 하고도 친해질 수 있는 마음을 길러 보자는 것이에요."

1교시 수업이 끝나고, 선생님은 아이들에게 쉬는 시간을 준 다음, 아이들을 데리고 체육관을 향해 걸어갔어요.

선생님은 아이들을 인솔하면서도 머릿속에는 이런 생각뿐이었죠.

'어제의 그 쥐는 어떻게 되었을까? 피를 흘리고 있었다고 하던데. 아차! 그렇지. 피리 부는 사나이.'

이 생각만 하면, 등골이 오싹해졌어요.

'죽임을 당하지 않았으면 좋으련만!'

간절히 바라고 또 바랐지요.

'피리 부는 사나이들도 요즘은 피리를 부는 대신 좀 더 강력한 방법을 쓴다고 하던데.'

더욱더 걱정되었어요. 마음도 무거워졌죠.

'쥐가 돌아다니는 골목에 먹이를 뿌린다고, 그것도 쥐가 좋아하는 먹이에 독약을 넣어 골목마다, 기둥마다 뿌린다고 하던데….'

지난번에 누군가가 말했던 말이 떠오르자, 선생님의 발걸음은 무겁기만 했어요.

'쥐도 생명이 있고, 그 나름의 삶이 있고, 이 땅에서 행복하게 살 권리가 있는데.'

생명의 귀중함이 느껴질 때마다 발걸음은 더욱더 무거워졌어요.

'집으로 잘 돌아갔으면 좋으련만!'

바람은 하나일 뿐이었죠.

'사랑하는 가족의 품으로 말이야.'

마음속으로 바라고 또 바랐어요. 아주 간절하게 말이에요.

'좋으나 싫으나 그래도 우리 반에 온 손님인데. 건강한 모습으로 온 것처럼 그런 모습으로 다시 돌아갔으면 좋으련만!'

어떻게 집으로 돌아가지

머리에 상처를 입은 돌이는 정신이 하나도 없었어요.

정신을 가다듬은 다음, 돌이는 학부모님들의 발에 밟히지 않으려고 온 힘을 다했어요. 조심하고 또 조심했죠. 그렇게 가까스로 사물함 뒤로 갔고, 그다음에는 몸을 꼭꼭 숨겼어요.

사물함 뒤에는 아래층으로 통하는 자신만의 구멍이 있었어요. 그 구멍을 찾아 아프고 지친 몸을 조금씩 움직였어요. 다행히도 그 구멍은 막혀 있지 않았어요.

'아직은 안심할 수 없어.'

불안감은 여전했어요.

'언제 이 사물함을 옮기며 쥐 잡듯 쥐를 잡을지도 모르는 일이라고.'

사물함이 덜거덕거릴 때면 온몸에 소름이 돋았어요. 머리털이 쭈뼛쭈뼛 곤두서곤 했죠.

리코더 소리에 깜짝 놀라 천장에서 떨어질 때는 정말 하늘에서 떨어지는 것처럼 오싹했어요.

'죽었구나!'

눈을 꼭 감고 삶을 포기하고 있었는데, 다행히도 현지가 들고 있던 공책에 떨어진 다음, 다시 바닥으로 떨어지는 바람에 살아날 수 있었지요. 현지에게 고마운 마음이 들었어요.

그렇지만 현지도, 선생님도 자신을 아는 척도 하지 않는 데는 정말 실망했어요.

"나도 사람이야! 사람 살려!"

뜻이 통하길 간절히 바라며 외치고 또 외쳤건만, 알아주는 사람은 한 사람도 없고…. 다들 공부를 하는 건지 마는 건지, 도대체 무슨 공부를 하는 건지, 돌이로서는 도저히 이해할 수 없는 일이었지요.

더군다나 리코더를 들고 쫓아오는 그 아이의 눈에 어린 살기등등한 눈빛에는 할 말을 잊을 정도였어요.

'내가 무슨 잘못을 했기에….'

서운했어요.

'미움받을 짓을 한 적도 없는데….'

슬펐어요.

'서로 돕고 어울리고자 한 것밖에 없는데….'

자신의 가장 큰 소망을 떠올릴 때면 눈물이 앞을 가려 아무것도 보이지 않았어요. 저도 모르게 눈물만이 흘러내렸죠.

'그런 것이 잘못이었을까요? 나를 죽여도 좋을 만큼 큰 잘못이었을까요?'

서운함과 슬픔에 물든 눈물은 하염없이 흘러내렸어요. 생각하면 할수록 계속 흘러나왔죠.

돌이는 이해할 수 없었어요. 리코더를 든 그 아이가 왜 그렇게 나왔는지 도저히 이해할 수 없는 일이었지요.

'나와 처지를 바꿔 보면, 그 아이가 그렇게까지 하지는 않았을 텐데.'

아쉬움도 많았어요. 그렇지만 지금으로서는 어쩔 수 없었죠. 돌이의 힘으로는 말이에요.

다른 아이들에 대해서도 마찬가지였어요.

'사람의 생명을 죽이려고 하는데, 말리는 사람도 없고 뭐가 그리 좋다고 시시덕대고…. 이리저리 쫓아다니고…. 여기야, 여기! 라고 말하는 것은 또 뭐람.'

그때를 생각하면, 다시는 4학년 1반 교실에 가고 싶은 마음이 없어지는 것이었어요. 그때 느낀 실망감이란 이만저만한 것이 아니었지요.

'그나저나 어떻게 돌아가지.'

돌이는 막막하기만 했어요.

'지금은 남을 탓할 때가 아닌 것 같은데, 집으로 무사히 돌아가는 것이 가장 중요하지 않을까?'

곰곰 생각해 보니, 돌아가는 길도 만만치만은 않았어요. 등교할 때는 비밀 통로를 통해 올라가는 바람에 한 층을 더 올라갔고, 그곳이 더 좋아 보였기에 그곳에 그냥 있었어요.

그런데 그 때문에 또 엄청난 봉변을 당하고 말았지요. 자신의 실수 때문에 위기에 처했다고 생각하니 자신에게도 화가 났어요.

'일이 꼬여도 단단히 꼬였어.'

위기감이 몰려왔어요. 다시 또 머리털이 곤두섰죠.

'작은 실수 하나가 큰 위험을 불러올 줄이야.'

후회하는 마음도 들었어요. 한 층 더 올라간 것에 대해 말이에요.

'잘 돌아가야 할 텐데. 이번에는 아주 작은 실수도 하지 않아야 할 텐데.

다시는 안 된다. 안 돼.'

죽을지도 모르는 위기 상황에 닥쳐 보니, 정신은 번쩍 들었지만, 왠지 모르게 자신감은 떨어지고 불안감은 더욱더 늘어나기만 하는 것이었어요.

안절부절못했어요. 정신도 오락가락했고, 아까 맞았던 곳이 지근지근하는 것도 같았지요.

돌이는 점점 더 아파지는 머리를 두 손으로 감싸며 웅크린 채 잠시 쉬었어요. 진정되길 기다리며 말이에요.

시간이 지나자 조금은 누그러진 것 같았어요. 다시 또 정신을 좀 차릴 수 있었지요.

돌이는 마음을 가다듬고 또 가다듬어 오직 돌아가는 일에만 온 신경을 모았어요.

자칫 잘못하면 어떻게 될지 모르는 일이었거든요. 아까는 운 좋게 피해 갔지만, 앞으로는 어떻게 될지 누가 알겠어요? 그런 운이 따르지 않을 수도 있는 일이잖아요.

그렇지만 돌이는 온 힘을 다하기로 했어요. 위험한 이곳을 벗어나기 위해서 말이에요. 살기 위해서 말이에요. 부모님과 함께, 그리고 둘레의 것들과 서로 도우며 어울려 살기 위해서 말이에요.

복도는 이미 아이들과 학부모님들로 꽉 차 있었기 때문에 그 길은 이용할 수 없었지요. 등교할 때 올라온 길도 어렵게 보였어요. 방향이 정반대여서 어질어질했고, 수직으로 뻗은 기둥을 내려가야 했기 때문에 그쪽으로는 도저히 갈 수 없을 것 같았지요.

남아 있는 길은 하나밖에 없었어요.

지난번에 등교했을 때 이용했던 길을 다시 이용하는 수밖에요. 그 길도 구불구불하여 위험하기는 마찬가지였지만 말이에요.

그랬어요. 그 길을 타고 간다고 하더라도 어두웠기 때문에 벽에 부딪힐 위험이 있었고, 수돗가도 두 곳이나 지나가야 했죠.

물론 수돗가도 위험하기는 마찬가지였지요. 불량배들이 많이 있었거든요. 다치고 힘이 약해진 것을 보면, 그 친구들이 어떤 공격을 해 올지도 모르는 일이었어요. 자신을 지켜 낼 힘이 약해진 돌이로서는 이 또한 위험하다고 하지 않을 수 없었지요.

위험은 또 있었어요. 이것 말고도 많았어요.

튼튼할 때도 내려가는 길은 올라가는 길보다 어려운 일이었어요. 그런데 지금은 이렇게 다친 곳도 있었기 때문에 무사히 내려갈 수 있을지는 정말 알 수 없는 일이었어요. 앞발이나 뒷발 중 어느 한쪽이라도 힘이 빠지면 그대로 굴러떨어질 염려가 있었기 때문이었지요.

뻑뻑대는 리코더 소리를 듣고 깜짝 놀라 천장에서도 떨어졌는데, 다시 또 힘이 없어 굴러떨어지기라도 하면 그땐 정말 끝장이라는 생각이 들었어요.

위험은 곳곳에 도사리고 있었어요. 조심하지 않으면 안 되었죠. 실수란 곧 죽음을 의미했기 때문에 돌이는 한 걸음, 한 걸음에 신경을 곤두세웠어요.

돌이는 차분한 마음으로 아주 천천히 어두운 벽을 더듬거리며 내려갔어요. 한 층을 내려온 다음 잠시 쉬고 다시 또 한 층을 내려온 다음 쉬었어요. 빨리 가는 것보다는 안전하게 가는 것이 더 중요했기 때문이었지요.

  2개 층을 내려온 돌이는 이번에는 복도 안쪽을 이용하여 수돗가 쪽으로 발길을 옮겼어요. 너무 힘이 들었기 때문에 거의 기어가듯 다가갔죠. 달팽이처럼 느릿느릿 말이에요.

  그런데 이것은 또 어찌 된 일일까요?

  전에 같이 놀던 친구들이 여기저기 쓰러져 있는 것이 아니겠어요? 그중에는 지난번에 인사해도 받아 주지 않았던 그 아이들도 있었어요. 인사도 받지 않고 슬금슬금 뒷걸음질을 치던 그 불량스러운 아이들이 쓰러져 있는 것이 아니겠어요?

그 아이들은 수돗가 안쪽 옆으로 쓰러져 있었는데, 입 언저리를 보니 거품이 약간 맺혀 있었어요.

'어떻게 된 일일까?'

돌이는 그 아이들이 왜 그렇게 쓰러져 있는지, 그 이유는 알 수 없었지요.

'죽은 것이 아닐까?'

가까이 다가가 확인을 해 보니, 그 아이들은 이미 죽어 있었어요. 온몸이 싸늘하게 식어 있었거든요.

'뜨악!'

돌이는 깜짝 놀랐어요.

그다음에는 자신도 그들처럼 죽을지도 모른다는 생각이 들었어요. 조심하지 않는다면 말이에요.

'불량스럽긴 했지만, 그렇다고 하여 죽임을 당할 만큼 나쁜 아이들은 아니었는데….'

너무한다는 생각도 들었어요.

'도대체 이 애들이 왜 이렇게 죽었을까?'

살아남기 위해서는 저 아이들이 왜 죽었는지, 그 이유만큼은 꼭 알아내지 않으면 안 될 것 같았죠. 그리고 그 아이들의 둘레에는 그렇게 만든 원인이 꼭 놓여 있을 것만 같았거든요.

정신을 똑바로 차린 다음 주변을 둘러보니, 무언가 떨어져 있는 것이 보였어요. 전에는 없었던 어떤 것이 말이에요. 그것을 조심스럽게 집어 든 다음 냄새를 맡아 보니 고소한 냄새가 났어요.

돌이는 그것을 입에 갖다 대 볼까 하는 생각도 해 봤어요. 먹음직스러워 보였거든요.

'설마 이것을 먹고 저렇게 된 걸까? 이것을 먹으면 저 아이들처럼 죽게 될까? 입에 거품을 물고.'

그러고 보니, 기둥 근처에도 어떤 아이들이 쓰러져 있었어요. 그 아이들도 그곳에 떨어져 있던 어떤 것을 주워 먹고 그렇게 쓰러져 있던 것이 아니었을까요?

고소한 냄새가 나는 어떤 것을 주워 먹고…. 그럴지도 모른다는 생각에 돌이는 좀 더 가까이 가 보았죠.

"저것 봐! 저것!"

깜짝 놀란 돌이는 저도 모르게 중얼거렸지요.

속이 울렁거렸지만, 그래도 그것이 무엇인지를 좀 더 잘 알기 위해 들어 입에 갖다 대 보고 싶었어요. 손으로 그것을 집어 드는데, 그 아이들의 일그러진 얼굴이 보였어요.

그런데 이상하게도 그 아이들의 벌어진 입에서도 아까 봤던 그것이 물려 있는 게 아니겠어요? 고소한 냄새가 났던 그것이 말이에요. 자신이 방금 집어 든 그것이 말이에요.

그 친구들이 죽은 원인을 찾은 것 같았어요. 왜 죽었는지 그 이유를 이제는 알 것 같았어요.

친구들을 죽음으로 몰고 간 원인을 확실하게 확인한 돌이는 심한 절망감에 휩싸였어요. 살고자 하는 의욕을 잃어버리고 말았지요. 너무도 큰 충격을 받았고 지쳤기 때문이었는지도 모르겠어요.

그러고 보면, 크나큰 충격으로 인해 살아야겠다는 욕망이 뚝 끊어진 것이었는지도 몰라요.

'친구들도 나를 알아주지 않고, 찍찍댄다고 하면서 무시하고 때리고…. 죽이려고 했는데….'

생각은 점점 더 부정적인 쪽으로만 흘러갔어요.

'이참에 나도 이걸 한번 먹어 볼까?'

손에 들려 있는 것을 뚫어지게 보고 있으려니 생각은 점점 더 어둠을 향해 흘러갔죠. 살고자 하는 의지를 잃어 그런지, 왠지 모르게 그런 생각들만이 드는 것이었지요.

'콱, 죽어 버릴까?'

깜깜한 어둠 속만 헤맬 뿐 희망은 보이지 않았어요.

그리고 돌이에게는 이처럼 못된 생각들을 막을 방법이 없는 것 같았어요. 한없이 부정적인 방향으로만 흘러가고 있었거든요.

'죽으면 그 애들도 좋아할 거야. 좋아할 거라고.'

자신을 괴롭혔던 친구들을 떠올리다 보니, 돌이는 정말 살고 싶지 않았어요. 그 때문인지, '바닥에 떨어진 것은 위험하니 주워 먹어서는 안 된다.'라는 어머니의 말씀도 생각나지 않았지요.

'그렇게 하지 않겠다.'라는 돌이 그 자신의 굳은 다짐도 지금의 이 상황에서는 아무런 도움도 되지 않았어요.

그만큼 돌이는 지치고 힘들었죠. 너무 실망했고, 절망했고, 그런 실망과 절망으로 인해 그만 밝은 빛을 잃고 만 것이었지요.

그러고 보면, 두 차례나 큰 충격을 받았기 때문에 저도 모르게 삶의 의지가 꺾여 버린 것이었는지도 모르는 일이었죠.

돌이는 죽을 생각으로 맛있는 냄새가 나는 어떤 것을 막 입에 넣으려고 했어요.

돌이답지 않게 말이에요.

그래요, 돌이님도 사람이에요

독약이 든 어떤 것을 입에 막 넣으려고 하는 그 순간, 어떤 소리가 들려왔어요. 밝고 맑은 목소리가 들려왔죠. 한 번도 들어 본 적이 없는 아름다운 어떤 목소리가 말이에요.

"돌이님의 생각은 크게 잘못된 것이에요."

"왜요?"

돌이는 반항하듯 소리가 나는 쪽을 바라보며 말했어요.

"돌이님을 낳아 준 부모님을 생각해 봐요. 지금도 돌이님이 무사히 돌아오기만을 기다리고 있어요."

"…."

돌이는 할 말이 없었지만, 마음에는 벌써 어머니의 모습이 그려지고 있었어요. 실수했을 때도 한없이 사랑스러운 마음으로 자신을 감싸 주던 어머니의 다정한 모습이 떠올랐죠.

웃고 계신 그 모습이 다시 또 보고 싶어졌어요. 이때부터는 살아서 돌아가고 싶다는 마음도 조금씩, 아주 조금씩 살아나기 시작했지요.

"돌이님이 죽으면 이제는 그 아이들도 슬퍼할 거예요. 전에는 그렇지 않았겠지만, 이제는 그 아이들도 달라졌으니, 분명 그럴 거예요. 그리고….”

믿기지는 않았지만, 그럴 수 있다는 생각도 조금은 들었어요. 현지라는 아이가 벌떡 일어나더니, 그런 못된 아이들을 향해 큰소리를 지르며 화를 내던 모습이 떠올랐거든요. 그만하라고 호통치던 그 멋진 모습이 말이에요.

'그 아이라면…. 그럴지도 모르겠는데.'

그럴 수 있다는 생각이 조금씩 들기 시작했어요. 아주 조금씩 말이에요. 희망이 보이기 시작한 것이었지요.

"그리고 또 다른 무엇인가가 있나요?"

"예, 있지요. 아주 중요한 것이 있지요. 이를테면, 4학년 1반 아이들이 돌이님을 괴롭히고, 더욱이 선생님이 돌이님을 실망하게 했다고 하여 죽을 필요까지는 없다는 거예요. 돌이님의 마음은 정말 멋진 마음이었어요. 그 마음을 실천에 옮긴 돌이님의 삶은 정말 멋진 삶이었고요. 이는 곧 서로 돕고 어울려 사는 삶이 가장 훌륭한 삶이라는 말이기도 하지요. 돌이님이 전에 쓴 시를 다시 한번 떠올려 보세요."

"예."

돌이는 자신의 쓴 시를 떠올려 봤어요.

'머위꽃의 비밀'이란 시를요. 그러자 기분이 좀 좋아졌죠. 몸에서는 기운도 조금씩 솟아나는 것 같았어요.

"그래요. 그 시는 훌륭한 시였어요. 다른 아이들은 그 꽃이 간직한 비밀을, 그 시에 불어넣은 돌이님의 마음을, 그러니까 그 시에 담긴 사람다움의 길을 찾아내지 못했고 알아주지도 못했지만, 그렇다고 하여 가치 없는 것은 아니에요. 좀 더 기다려 보세요. 그 마음을 알아줄 때가 올 거예요. 그리고 언젠가는 그 아이들도 그 꽃에 담긴 비밀을 풀어내고, 돌이님의 그 마음을 알아줄 날이 꼭 올 거고요."

자신의 마음을 알아주는 말을 듣자, 돌이의 마음에서는 희망이 자라났고, 몸에서는 기운이 좀 더 솟아나고 있었지요.

'그래, 맞아. 현지라면, 현지처럼 아름다운 마음을 가진 아이라면, 분명 나의 마음을 알아줄 날이 올 거야.'

희망의 빛이 더욱 빛나고 널리 퍼져 나가는 사이에도 말씀은 계속해서 들려왔어요.

"그 시처럼, 그 시에 담겨 있는 마음처럼, 서로 돕고 어울려 사는 삶은 누군가가 알아주지 않더라도 훌륭한 삶이에요. 그리고 살아 있는 모든 것들은 그렇게 살아가고 있어요. 주변을 둘러보면 많은 친구가 있을 거예요. 돌이님의 마음을 알아주는 친구들이 말이에요. 그리고 앞으로는 그런 친구들이 더 많이 늘어날 거예요. 그러니 그런 어리석은 짓은 하지 말고, 어서 돌이님의 집으로 돌아가도록 하세요."

이처럼 아름다운 말이 또 어디에 있을까요? 돌이는 그 말씀을 마음에 되새기며 지치고 지친 몸과 마음을 추슬렀어요. 어리석은 짓은 하고 싶지 않았지요.

마음이 어느 정도 가라앉자, 어리석은 짓을 하지 않아 다행이란 생각이 들었어요. 천만다행이라는 생각이 말이에요.

비록 목소리뿐이었지만, 자신의 삶을 알아주는 사람을 만났기 때문에 너무너무 기뻤는지도 모르겠어요.

'나의 삶을 알아주는 사람이 있었구나!'

자신을 알아주는 누군가가 있다고 생각하니, 마음이 든든했어요. 웃음도 절로 나왔죠. 죽고 싶다고 생각한 자신이 정말 어리석게 보이기도 했고요. 그 때문에 웃음이 또 흘러나왔어요.

이제는 어서 빨리 집으로 돌아가고 싶어졌어요.

"예. 그렇게 할게요. 그런데 궁금한 것이 있는데요."

갑자기 어떤 생각이 떠올랐죠. 살고 싶은 마음이 들어 그런지, 늘 궁금하게 여기고 따지고 풀어내려 했던 어떤 것을 여쭤보고 싶어진 것이었지요.

"무엇인데요?"

"나는 사람이 아닌가요? 사람이….″

돌이는 마침내 마음속에 고이 간직하고 있던 질문을 꺼낸 것이었죠. 아주 조심스럽게 말이에요. 어쩌면, 답을 얻을지도 모른다는 기대를 걸고 말이에요.

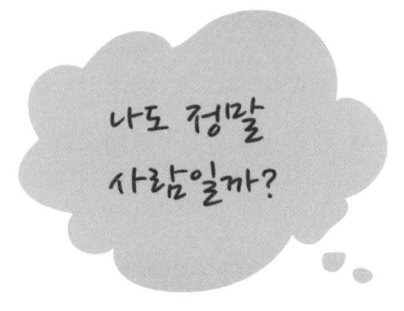

"그런 쓸데없는 질문은 하지 마시고, 어서 집으로 돌아가세요. 어서요!"

마음이 좀 상했지만, 꾹 참았어요.

"그 질문은 쓸데없는 것이 아니라 제게는 무척 중요한 질문이에요. 무척 중요한 질문…."

돌이는 다시 한번 강조했어요. 자신에게는 더없이 중요한 물음이라는 점을 말이에요.

사실 돌이에게는 이 질문보다 더 중요한 것은 없는 것 같았어요. 자신이 정말 사람인지 아닌지 궁금했고, 꼭 알고 싶었거든요.

그렇지만 아무도 가르쳐 주는 사람이 없었어요. 아쉽게도 말이에요. 학교에도 가지 않고 자신의 힘으로도 따져 보고 풀어 보려 했지만, 역시 아무것도 알 수 없었거든요.

그런데 오늘은 좀 다른 것 같았어요. 어쩌면 그 물음에 대한 답을 얻을지도 모른다는 생각이 들었어요. 기대감은 더욱더 커졌지요.

"좋아요. 그러면 가르쳐 드리겠어요."

돌이의 절실함이 통했는가 봐요.

"예. 고맙습니다."

돌이는 너무 기뻤어요. 마침내 답을 찾아낼 수 있을 것 같았거든요.

"돌이님도 사람이에요. 돌이님도…, 사람임이 틀림없어요.

그러니, 이제부터는 자신의 몸과 마음에 뿌리내린 사람다움의 꽃을 소중히 간직하고 아름답게 피워 가도록 하세요."

목소리는 '사람다움의 꽃'이라는 말을 특히 강조하며 말했어요.

간절히 원하던 답을 찾은 돌이는 눈물이 날 정도로 기뻤어요. 안심도 되었고요.

만약 이 자리에서 사람이 아니라는 말을 들었다면 기절을 했을지도 모르는 일이었거든요. 너무도 실망해서 말이에요. 그렇지만 다행이었어요. 천만다행이었지요.

그 말은 정말 믿기지 않는 대답이었기에 돌이는 다시 또 확인하듯 여쭤봤어요.

"그런데 다른 친구들은 나를 사람이라 안 하고, 쥐라고 하던데요. 쥐라고….

저는 왜 제가 쥐인지 모르겠어요. 쥐란 말은 그 아이들이 나에게 지어 준 별명인가요?"

"그래요. 그 아이들은 자기들이 이름 지은 대로 돌이님을 부르고 있을 뿐이에요. 돌이님처럼 생긴 분을 쥐라고 이름 붙인 다음, 그렇게 부르고 있을 뿐이에요. 그런데 그런 것은 돌이님에게만 그런 것이 아니니, 신경 쓰지 않으셔도 돼요. 그 대신 돌이님은 돌이님의 삶을 풍부하게 하고 보람 있게 하는 데 힘쓰도록 하세요."

"예. 그것은 알려 주셔서 잘 알겠는데요. 그런 것 말고요."

"그런 것 말고, 뭐가 더 있나요?"

어서 말해 보라는 듯 아름다운 목소리는 더욱더 다정하게 들려왔어요. 돌이는 편안한 마음으로 여쭤봤어요.

"음… 그건, 저도 사람인데 사람이라 불러 주지 않고 왜 쥐라고 하는지 그 이유를 알려 주세요. 그게 궁금해요."

"그렇군요. 그것이 궁금한 점이었군요."

"예."

"그러면 그것에 관해 설명해 드리겠어요."

돌이는 귀를 바짝 세웠어요. 그랬더니, 이런 말이 들려오는 것이었어요.

"난 것은 다 나가 되고, 난 것은 다 생명을 갖고 있고, 그 생명을 생명답게 키워 나가요. 그게 바로 삶이고 그게 바로 살아가는 일이에요. 삶이 있고, 그 삶을 살아가는 것은 산 사람만이 할 수 있는 일이에요. 그런데 돌이님도 돌이님의 삶이 있고 그 삶을 살아가고 있으니 사람이지 않겠어요? 돌이님도 사람이니, 사람이 아닐지도 모른다는 그런 걱정은 하지 않으셔도 돼요. 다만…."

"다만?"

그다음에 이어질 말씀이 궁금하다는 듯 돌이는 소리가 나는 쪽을 올려다보았어요. 귀를 더욱더 바짝 세우고 말이에요.

"다만, 사람의 모습은 다 같지 않고, 생명이 붙어 있는 것마다 다를 수 있어요. 그리고 그렇게 다르다는 것에 참된 아름다움이 깃들어 있는 것이기도 하고요.

그런데 그 아이들은 아직 철이 없어 그런 다름과 그 다름에서 오는 아름다움을 모르고 있을 뿐이에요. 사람만이 사람이라는 고정관념에 빠져 있고, 또 그런 우물 안에서만 세상을 보려 하기에 그런 거예요. 더 넓게 보지 못하기 때문이지요.

이와 같은 까닭으로 돌이님을 사람으로 알아보지 못하고, 돌이님의 아름다움을 알아채지 못한 것이에요. 그리고 그 때문에 돌이님에게도 사람이 아닌 것처럼 말하고 행동했던 것이에요. 그뿐이에요.

그러니 그런 것에는 신경 쓰지 마시고, 어서 집으로 돌아가도록 하세요. 안전하게 말이에요."

사람이 무엇인지 알게 되어 그런지, 마음이 아주 시원했어요. 자신도 사람이라고 생각하니, 정말 좋았지요. 그래서 그런지, 그 말씀이 또 믿기지 않는 것이었어요. 너무 좋아 그런지도 모르겠어요. 믿기지 않을 만큼 너무 좋아서 말이에요.

돌이는,

"예. 무슨 말씀이신지는 모르겠지만, 저도 사람임이 틀림없다는 그런 말씀이시죠?"

라고 다시 여쭤보았어요.

"그래요. 돌이님도 사람임이 틀림없어요."

다시 한번 확인하고 나자 그제야 안심이 되었어요. 고맙다는 인사도 드리고 싶어졌죠.

"예. 고맙습니다. 누군지는 몰라도 정말 고맙습니다."

인사드리고 나자, 또 좋았어요. 사람은 사람인데 그 모습은 서로 다를 수 있다는 말은 이해하지 못했지만, 다름에서 오는 아름다움이 뭔지는 더더욱 이해하지 못했지만, 그래도 좋았어요. 힘도 많이 솟아났지요.

그동안의 의문점이 풀려 그런지, 정말 가벼운 마음으로 돌아갈 수 있을 것 같았어요.

"그러니 어서…"

"예. 저도 이제는 돌아갈게요."

돌이는 희망의 빛을 가득 품고, 집을 향하여 차근차근 걸어갔어요. 손에 들었던 먹이는 내팽개쳐 버렸죠. 독이 든 그 먹이는…. 이제 더는 필요 없어졌으니까요.

아름다운 목소리 덕분에 돌이는 무사히 돌아올 수 있었어요. 궁금증도 풀렸고 큰 힘도 얻었죠. 살리는 힘을 말이에요.

그런데 연못의 가장자리까지 왔을 때는 좀 이상했어요. 이웃집 아저씨도 누워 있는 것이 아니겠어요?

땅에 떨어진 것이라 하더라도 맛있어 보이면 무엇이든 주워 먹던 그 아저씨도 입가에 거품을 물고 쓰러져 있는 것이었어요. 수돗가에 누워 있던 그 아이들과 똑같은 모습을 하고는 조금도 움직이지 않는 거 있죠?

벌렁벌렁 뛰는 가슴을 가까스로 달래며 살금살금 가까이 다가가 좀 더 자세히 살펴보니, 역시 죽어 있었지요.

그 모습을 보니, 떠올랐죠. 전에, '언젠가는 그로 인해 큰일을 당할 거야.'라고 하셨던 엄마의 말씀이 말이에요. 물론, 떨어진 것은 절대 주워 먹지 않겠다던 자신의 다짐도 말이에요.

슬기로우신 어머니의 모습을 마음에 그리며 돌이는 모과나무 옆에 있는 자기 집 대문을 열고 안으로 들어갔어요.

"엄마! 엄마! 저 왔어요."

돌이가 들어가자, 후다닥 뛰쳐나온 엄마는 돌이의 두 손을 꼭 잡는 것이었어요. 그러더니,

"돌아왔구나! 돌아왔어. 살아서 돌아왔어."

라고 말하며, 돌이를 꼭 끌어안으셨죠. 그다음에는,

"우리 돌이는…. 우리 돌이는 무사히 돌아왔어!"

라고 말하며, 눈물을 펑펑 흘리셨어요.

돌이도 흘러내리는 눈물을 억지로 참으며, 수돗가에서 본 것과 연못 옆에 쓰러져 있던 이웃집 아저씨의 이야기를 하려다 말았어요. 어머니는 이미 다 알고 계신 것 같았거든요.

무사히는 돌아왔지만, 깊은 상처를 입은 돌이는 그 상처가 다 나을 때까지 움직이지 않고 푹 쉬기로 했어요.

이제부터는 사람다움의 길을 걷고 싶어

푹 쉬면서도 속으로는 이런 생각을 하고 있었지요.

너무 분했기 때문인지 이런 생각만이 계속해서 떠올랐어요. 어떤 목소리로부터 자신도 사람이라고 인정받았음에도 불구하고, 왠지 모르게 이와 같은 의문은 자꾸자꾸 떠올랐지요.

'다 같은 사람일 뿐인데, 사람이 왜 사람을 괴롭히고 죽이려 하는 걸까?'

더 큰 의문도 드는 것이었어요. 알 수 없는 의문들만 계속해서 생겨났죠.

'그 아이들도 크면 나를 사람으로 인정해 줄까? 나만의 아름다움을 인정해 줄까?'

그렇지만,

'언젠가는 그런 날이 오겠지. 그러니 어떤 분인지는 모르겠지만 그 분도 그렇게 말씀하신 것이겠지.'

라는 생각을 해 보니, 조금은 힘이 솟아났지요.

'나만의 짝사랑일까?

 분명, 짝사랑은 아닐 거야. 내가 그 아이들을 사랑스럽게 본 것처럼, 그 아이들도 나만의 아름다움을 찾아내고 나를 사랑스럽게 볼 날은 꼭 올 거야.

 내가 그 아이들만의 매력을 찾아낸 것처럼 그 아이들도 나만의 매력을 찾아낼 날이 꼭 올 거야.'

 돌이는 더 큰 어울림의 날이 하루라도 빨리 오기만을 기대하며 깊은 잠에 빠져들었어요.

 그렇지만 곧 깨어났고 다시는 잠이 오지 않았죠. 일어나 있으면 저도 모르게 손과 발이 덜덜덜 떨렸어요. 잠을 자면 악몽을 꾸었고, 때로는 헛소리도 했지요.

 아마도 그때 받은 충격이 너무 컸기 때문인지도 모르겠어요. 잊힐 수 없는 충격…. 그래요. 그때 받은 그 충격이 지금도 계속되고 있었는지도 몰라요.

 덜덜덜 떨리는 증상은 내일도, 모래도…. 계속될지도 몰라요.

 그렇지만…. 그날은 꼭 올 것만 같았어요. 자기를 사람으로 인정해 주고, 더 큰 어울림으로 더 아름답게 피어날 그날이 말이에요.

 그 때문에 아무리 힘이 든다고 하더라도 그날이 올 희망만큼은 버리지 않고 오늘도 이렇게 살아가고 있어요. 손과 발은 떨리고 있었지만 말이에요. 그날이 오기만을 기다리며, 지금과 같이 손과 발이 덜

덜덜 떨리는 것도 곧 멈춰지길 바라면서 말이에요.

그래도 다행인 것은 어제보다는 오늘이 좀 더 나아졌다는 것이었지요. 직접 겪은 것과 누군지 모를 목소리에 담긴 말뜻을 깊고 넓게 되새겨 보는 가운데, 희망도 조금씩 싹트고 있었던 것이었죠.

그중에서도 더 크게 어울리고자 하는 간절한 바람이 돌이의 몸과 마음을 따뜻하게 어루만져 줬고, 그 덕분에 튼튼하게 되살아나고 있던 것이었지요.

시간의 흐름과 더불어 돌이의 몸과 마음은 조금씩 좋아졌어요. 여러 날이 흘러, 상처받은 마음이 부드럽게 아물자, 손과 발의 떨림도 눈 녹듯 슬금슬금 꼬리를 감췄지요. 물론, '나도 사람일까?'라는 의문도 말끔히 사라졌답니다.

한때는 너무 힘들어 죽으려고도 했는데, 그때 그렇게 하지 않길 정말 잘했다는 생각도 들었고요.

충격이나 의문에서 완전히 벗어났기 때문인지,

'나도 사람인 이상, 이제부터는 사람다움의 길을 걷고 싶어.'

라는 생각도 살짝 드는 것이 아니겠어요?

그 길이 무엇인지는 아직 잘 모르겠지만, 그런 마음이 저도 모르게 조금씩 싹트고 있었지요. 크나큰 고통과 아픔을 딛고 일어섰기 때문인지, 그렇게 싹튼 사람다움의 싹은 더욱더 강렬하고 튼튼한 줄기로 자라나기 시작했어요.

'지금까지는 나만의 짝사랑이었는지 몰라.

그렇지만 그 사랑은 올바른 사랑이었고, 옳다고 믿고 있는 이상 꿋꿋하게 밀고 나아가지 않으면 안 되는 거야.

그러다 보면, 그만이 가진 매력을 찾아내고, 인정하고, 존중하고, 배려하고…. 그런 쪽을 향해 조금씩 나아가다 보면, 분명 더 큰 어울림은 가능하지 않을까?

그 아이들도, 특히 나를 괴롭혔던 그 아이도 나의 마음을 이해해 줄 날이 꼭 오지 않을까?'

그동안 자신이 처했던 답답한 현실을 극복했기 때문인지, 돌이의 마음은 이전보다 몇십 배는 더 크고 튼튼하게 자라나고 있었지요. 리코더로 자신을 괴롭혔던 그 친구도 더 큰 사랑으로 바라보며 용서할 만큼 말이에요. 그 친구도 크게 도와 더 큰 어울림을 향해 함께 나아가기로 말이에요.

'그렇지. 어쩌면 그런 것이 사람다움의 길일지도 모른다.'

생각하면 할수록 돌이의 마음 깊은 곳을 향해 알 듯 모를 듯 파고드는 무언가가 있었지요. 단단하게 뭉쳐지는 무언가가 말이에요.

'아무리 좋은 뜻을 가졌다 하더라도, 짝사랑만으로는 안 되는 것이었어. 옳다고 생각한 것을 꿋꿋하게 행동으로 옮기지 않으면 안 되는 것이었어.'

말로만 하는 사랑, 즉 실천이 뒷받침되지 않는 사랑 역시 짝사랑일 뿐이라는 것을 마침내 깨달은 것이었지요. 그렇기 때문일까요? 돌이는 이제 두 눈을 번쩍이며, 자신의 둘레를 살펴보았어요.

'그렇다. 주변을 둘러보면 나와 같은 처지에 있는 아이들도 많을 거야.'

어려운 처지에 있는 사람들을 생각하다 보니, 4학년 1반 친구들도 그리워졌고 죽은 친구들도 생각났어요.

'나처럼 되어서는 안 돼.'

어려웠던 때를 생각해 보면 볼수록 오히려 힘이 솟는 것이었어요. 그리고 보면, 이런 생각이 든 것 자체가 그만큼 돌이의 몸과 마음이 튼튼해졌다는 증거도 되지 않을까요?

그 때문인지 돌이의 마음은 뜨겁게 달아올랐고, 더욱더 큰 어울림을 향해 나아가고 있었어요. 사람다움의 싹과 줄기는 더욱더 튼튼해졌고, 동글동글한 꽃봉오리도 생겨났어요.

'아무도 알아주지 않고, 더욱이 외모나 말투가 마음에 들지 않는다는 등 아무런 이유도 없이 괴롭힘을 당하는 친구가 단 한 명이라도 있어서는 절대 안 되는 거야.'

이전의 나약한 모습을 비웃듯, 아니 나약한 모습에서 새로운 무엇인가를 찾아낸 듯 꿈과 희망이 새록새록 샘솟고 있었지요. 이처럼 돌이의 마음은 더 큰 꿈을 향해 나아가고 있었어요.

'그렇다. 그거다.'

돌이의 마음에 밝은 빛이 비쳐 들어왔기 때문일까요? 돌이의 마음도 그 빛에 반응하여 밝은 빛이 흘러나오는 것이었어요.

'그렇다. 그런 아이에게 살며시 다가가 다정한 친구가 되어 주고, 그 아픔을 견뎌 내도록 크게 돕는 것!

절망의 늪에서 허우적대는 아이들에게 희망으로 엮은 튼튼한 밧줄을 던져 주는 것, 밝은 빛을 되찾아 주는 것!

이것이 바로 앞으로 내가 해야 할 일이지 않을까?

그뿐 아니라, 이것이야말로 어려웠을 때 나를 도와준 그분에 대한 보답이지 않을까?'

마침내 자신이 가야 할 길을 찾았기 때문일까요? 아니면, 자신이 할 수 있는 사람다움의 길을 찾았기 때문일까요?

돌이의 마음에서는 더 많은 빛이 흘러나왔어요. 그리고 그 빛은 사람으로 인정받았을 때보다도 더 강렬하고 환한 빛이었어요. 그뿐 아니라, 사람다움의 꽃이 활짝 피어나더니, 어느새 주변의 생명을 편안하게 감싸 주는 사랑의 향기를 듬뿍 내뿜는 것이 아니겠어요?

그 때문인지, 몸과 마음도 가볍고, 날아갈 것만 같은 기분도 드는 것이었지요.

앗! 그런데 이것은 또 어찌 된 일일까요? 돌이의 몸이 조금씩 바뀌고 있어요. 더 큰 깨달음을 얻은 덕분인지, 조금씩 몸이 바뀌더니 어느새 들쥐의 요정으로 그 모습이 바뀌어 가는 것이었어요.

우리 어린이들에게, 그중에서도 어두운 구석에서 괴로워하고 있는 우리 어린이들에게 도움을 줄 들쥐의 요정으로 말이에요. 세상을 밝게 빛내 줄 아름다운 빛으로 말이에요. 살아 숨 쉬는 온갖 생명의 마음을 포근하게 안아 주는 사랑의 향기로 말이에요.

그래요. 그러고 보면 돌이의 아름다운 마음이 단단하게 뭉쳐지더니 요정으로 다시 태어난 것이었지요. 그늘진 곳에 있는 아이들을 도와 더 큰 어울림으로 나아가려 하는 마음이 멋진 요정으로 꽃핀 것이었죠.

그리고 그 요정은 늘 우리 어린이들 곁에 있고, 도움의 손을 내밀면 밝은 빛과 함께 삶의 희망을 안겨 줄 거예요.

그 때문인지, 돌이의 마음은 더욱더 뜨겁게 달아올랐고, 투명해진 팔과 다리에는 힘이 넘쳐흐르는 것이었어요. 돌이의 몸과 마음에서는 밝은 빛은 계속 뿜어져 나왔고, 이 누리를 향해 힘차게 뻗어 나갔지요.

슬기 찾기 활동

Doing Philosophy

슬기란 살아가는 데 꼭 필요한 힘이다. 자신의 꿈을 키우고 둘레의 것들을 크게 돕는 힘을 말한다. 이와 같은 힘을 기르는 슬기 찾기 활동은 자신의 힘으로도 할 수 있겠지만 둘레의 사람들과 함께하면 더 잘할 수 있다.

문제들에 관해 묻고 따지고 서로의 생각을 나눠 보는 과정을 통해 슬기를 얻을 수 있다. 그런 것을 마음에 차리는 과정에서 더 큰 행복을 느낄 수 있다.

💡 슬기 찾기 활동 문제 만들기
상상력, 통찰력 및 더 깊은 깨달음을 얻는 활동

💡 슬기 찾기 활동 방향 살펴보기

💡 슬기 찾기 활동 직접 해 보기

슬기 찾기 활동 문제 만들기

[기본 단계] 상상력과 통찰력을 얻기 위한 활동

상상력과 통찰력을 얻기 위한 질문들이다. 혼자 따지고 풀어 보는 것도 좋고, 여럿이서 대화를 통해 풀어 보는 것도 좋다.

1. 가장 인상 깊은 장면이나 감동적인 부분을 글이나 그림으로 표현하여 봅시다.

2. 사람과 동물의 같은 점과 다른 점은 무엇일까요? 같다면(또는 다르다면) 그 이유는 무엇일까요?

3. 돌이처럼 왕따를 당해 본 경험이 있으면 말해 봅시다. 왕따를 당했거나 뜻하는 일이 잘되지 않아 죽고 싶은 적은 없었나요? 그런 기분을 어떻게 극복할 수 있을까요?

4. 등장인물인 돌이(또는 현지, 리코더를 든 아이, 선생님)에게 느낀 점이나 격려의 편지를 써 봅니다.

5. 동물들에게도 부모와 자식 간의 사랑이란 것이 있을까요? 이들에게 가장 큰 행복(또는 꿈)은 무엇일까요?

6. 동물을 사랑한다고 하면서 육식을 즐겨 먹는다면 동물을 사랑한다고 말할 수 있을까요? 말할 수 있다면(또는 없다면), 그 근거는 무엇일까요?

7. 동물들의 행복한 삶을 지켜 주려면 그들에게 어떤 권리가 보장되어야 할까요? 그런 권리에 대해 찾아보고 정리해 봅시다.

내가 만들어 본 문제

❶

❷

❸

[심화 단계] 이 작품의 배경이나 주제와 관련된 문제

이 작품의 배경이나 주제와 관련된 문제들을 생각해 볼 수 있는 문제들로 구성되어 있다. 전문적인 영역이다. 깊이 있는 사고력을 요구한다.

1. 동물과의 결혼이 가능할까요?

반려동물이라는 말은 좋아하는 동물을 애완이나 친구의 수준을 넘어 배우자의 수준으로 생각해야 한다는 뜻이 들어 있습니다. 결혼 상대자인 배우자처럼 사랑하고 보살펴야 한다는 뜻인데, 그렇다면 동물과의 결혼도 가능하지 않을까요? 그 가능성을 따져 보고, 가능하지 않다면 이 말에 담긴 뜻이 무엇인지 탐구해 봅시다.

2. 훌륭한 삶이란 어떤 삶일까요? 21장에는 다음과 같은 말이 나옵니다.

"4학년 1반 아이들이, 더욱이 선생님이 돌이님을 실망하게 했다고 하여 죽을 필요까지는 없어요, 돌이님의 생각은 정말 멋진 생각이었어요, 그 생각을 실천에 옮긴 돌이님의 삶은 정말 멋진 삶이었고요, 서로 돕고 어울려 사는 삶이란 가장 훌륭한 삶이에요, 돌이님이 전에 쓴 시를 다시 한번 떠올려 보세요."

목소리는 어떤 삶이 훌륭한 삶이라고 말하고 있나요? 그리고 여러

분이 생각하고 있는 훌륭한 삶이란 어떤 삶인가요? 훌륭한 삶에 관해 탐구해 봅시다.

3. 아름다움이란 무엇일까요?

돌이는 "나만의 아름다움을 찾아낼 날이 올 거야."라는 바람을 갖고 있습니다. 들쥐를 싫어하던 현지는 시간이 지남에 따라 들쥐의 아름다움을 찾아보려 노력합니다. 선생님은 들쥐와 마주쳤을 때 쥐눈이콩처럼 생긴 그 눈을 보고는 넋을 잃을 정도로 아름다움을 느낍니다. 그렇다면 아름다움이란 대상 그 자체에 들어 있는 것일까요? 아니면, 아름답게 보려고 하는 사람의 마음에서 생겨나는 것일까요? 아름다움에 관해 탐구해 봅시다.

4. '사람'이나 '사람다움'이란 말에는 어떤 뜻이 담겨 있을까요?

들쥐인 돌이는 자신도 사람이라고 생각하고, 사람처럼 행동합니다. 그뿐 아니라 사람으로서 인정받고 싶어 하고, 당당하게 대접받고자 합니다. 21장에서 목소리는 돌이도 사람이라고 말합니다. 사람이란 말에는 어떤 뜻이 담겨 있는지 탐구해 봅시다. 그리고 그 탐구에 따라 돌이의 주장이 정당한지, 즉 그 주장의 옳고 그름, 좋음과 나쁨 등에 관해 탐구해 봅시다.

💡 내가 만들어 본 문제

❶

❷

❸

슬기 찾기 활동의 방향 살펴보기

1. 동물과의 결혼이 가능할까요?

　좋아하는 식물을 친구로 생각하는 사람도 있고, 좋아하는 동물을 친구로 생각하는 사람도 있다. 좋아하는 수준을 넘어 서로 사랑하며 아끼고 놀아 주는 사이로도 발전할 수 있다. 이처럼 사랑하는 동물이나 사랑스러운 동물이라는 의미에서 사람들은 '애완동물'이란 말을 써 왔다. 그렇지만 그 동물이 병들었을 때 돌봐 주지 않고 몰래 버리는 일도 일어났다. 애완동물이란 말은 이런 단점도 들어 있는 말이었다.

　이와 같은 단점을 보완하려는 의도에서 요즘에는 그 말 대신 '반려동물'이라는 말을 쓰고 있다. 반려자란 말이 결혼한 배우자를 가리키듯, 반려란 행복뿐 아니라 고통도 함께하는 것을 말한다. 그러므로 반려동물이란 말은 서로 사랑할 뿐 아니라 고통도 함께하고 돌봐 줘야 한다는 뜻도 들어 있는 말이다.

　특히, 질병 등으로 고통스러울 때, 모른 척해서는 안 된다는 의미가 강하게 들어 있는 말이다. 즐거움을 함께하는 것도 좋지만 그것으로 끝나는 것이 아니라 먹이를 주는 것, 목욕을 시켜 주는 것, 산책을 시켜 주는 것, 또래 동물과 같이 놀게 해 주는 것뿐 아니라, 아플 때 병원에도 데려가야 하고 병에 따라서는 수술도 해 줘야 한다는 뜻이

다. 죽었을 때는 장례도 치러 주고 명복을 빌어 줘야 한다는 뜻도 들어 있는 말이다.

그러므로 어떤 동물을 반려자로 삼아 기른다면, 우선은 그 동물에 대해 잘 알아야 하겠다. 사랑하는 사람에 대해 잘 알고 있어야 하는 것처럼, 그 동물의 습성에 대해서도 깊이 있게 파악하여 살기 좋은 환경을 만들어 줘야 할 것이다. 또한, 동물에 따라서는 몇 개월에서 몇 년, 몇십 년을 사는 동물도 있으므로 그에 알맞은 계획이 필요하다.

그런데 주변을 살펴보면 일시적인 충동에서 기르거나 자신의 성격이나 처한 환경에 대한 고려 없이 단지 사랑스러워서, 길러 보고 싶으므로 기르고자 하는 사람도 있다. 이런 마음에서 기르고자 할 때 동물은 호기심 충족의 수단으로 떨어지고 관찰이나 실험의 대상이 되고 만다. 그때부터 그 동물은 엄청난 불행에 처할 수 있다. 그러므로 그런 마음에서 동물을 기르려고 하는 마음은 버려야 할 것이다. 반려동물이란 말에는 반려자를 구하듯 신중해야 한다는 뜻도 들어 있기 때문이다. 다양한 관점에서 깊이 있는 생각은 꼭 필요하다.

또한, 동물도 이 지구상에서 행복을 누릴 권리를 갖고 있을 뿐 아니라 그 나름의 아름다움을 갖고 있다. 그들의 권리를 지켜 주고 아름다움을 키워 주기 위해 노력해야 한다.

반려동물이란 말에 담긴 다양한 뜻을 잘 이해하고 일상생활에서 실천하려는 마음을 길러야 할 것이다.

2. 훌륭한 삶이란 어떤 삶일까요?

삶은 다양하다. 사람마다 다르다고 할 수 있다. 어떤 삶이 훌륭한 삶이고 어떤 삶은 훌륭하지 않다고 말할 수 있을까? 그렇게 말할 수는 없을 것 같다. 어쩌면 자신이 처한 환경에서 최선을 다해 살았다면, 그 삶이 가장 훌륭한 삶인지도 모르겠다.

21장에는 다음과 같은 말이 나온다. "돌이님의 생각은 정말 멋진 생각이었어요. 그 생각을 실천에 옮긴 돌이님의 삶은 정말 멋진 삶이었고요. 서로 돕고 어울려 사는 삶이란 가장 훌륭한 삶이에요."

이처럼 목소리는 수없이 많은 삶 중에서도 서로 돕고 사는 삶이 가장 훌륭하고 멋진 삶이라고 말한다. 물론 이런 삶은 돌이만이 추구해 온 삶은 아닐 것이다. 우리의 조상들은 이와 같은 생각을 바탕으로 하여 그 삶을 누려 왔기 때문이다.

어린 백성들을 위해 훈민정음을 창제하신 세종대왕의 삶을 보더라도 그렇고, 동양 평화를 지키기 위해 온 힘을 다 바친 안중근 의사의 삶을 보더라도 그렇다. 그리고 그와 같은 삶은 수없이 많은 발명품을 만들어 낸 에디슨이나 컴퓨터를 만든 빌 게이츠의 삶을 보더라도 그렇다. 위인전에 나오는 수없이 많은 등장인물의 삶이 다 그러할 것이다.

문제는 그분들과 똑같은 삶을 살 수는 없다는 점이다. 즉, 그와 같은 삶을 어떻게 자신의 것으로 만들 것인가 하는 문제가 될 것이다.

다시 말해, 그분들의 훌륭한 삶의 모습을 자신의 삶 속에서 어떻게 응용해 나갈 것인가 하는 문제 말이다.

현실성을 저버린 생각이나 자신의 능력을 초월한 꿈은 이룩하기 힘들다. 초등학교 4~5학년의 시기는 자신의 능력을 바탕으로 현실적인 꿈을 꾸고 그 꿈을 이룩하기 위해 노력해야 하는 시기이다. 그동안 자신이 살아온 것을 되돌아보고 앞으로 자신이 하고 싶은 것을 중심으로 자신의 능력을 더 크게 키워 가기 위해 노력해야 할 것이다.

단순한 모방은 별다른 가치가 없다. 자신을 새롭게 창조해야 한다. 다른 사람이 훌륭하다고 말하는 삶이나 가치가 중요한 것이 아니라 자신이 훌륭하다고 생각하는 삶이나 가치가 중요하고, 그것을 바탕으로 하여 자신의 미래를 새롭게 창조해 가지 않으면 안 될 것이다.

요즘 아이들은 돈만 있으면 된다는 생각을 많이 한다. 물론 돈이 중요하지 않은 것은 아니지만 그보다 더 큰 것을 볼 수 있는 눈, 즉 슬기를 볼 수 있는 눈을 키워 가는 것이 더 중요하다. 숀 스틸(Sean Steel)은 금전이나 물질적인 행복이 아니라 정신적인 행복인 지혜의 추구를 강조한다.[1] 이는 깨달음을 통하여 슬기를 얻고 나의 마음에 차려야 한다는 뜻이다. 어렸을 때부터 이런 것을 추구하는 습관을 기르고, 이를 추구하는 학급(또는 가정)의 분위기를 만들어 가도록 노력해야 할 것이다.

---

[1] 숀 스틸, 309쪽.

3. 아름다움이란 무엇일까요?

아름다움에 관해 탐구하는 학문을 미학이라 하고, 이는 철학의 한 영역이다. 철학은 지혜, 즉 슬기를 탐구하는 학문이다. 그러므로 미학이란 아름다움에 대한 슬기를 얻고자 하는 학문으로 볼 수 있다.

그리스의 철학자 플라톤(Plato, BC 427~BC 347)은 아름다움은 저 하늘 높은 곳, 즉 이데아의 세계에 있다고 생각했다.[2] 그곳에 완전한 아름다움이 있고, 이 세계의 것들은 그 아름다움을 모방한 것에 불과하며, 그런 아름다움이 우리의 마음에 사진처럼 그대로 새겨진다고 보았다.

그러나 그 생각도 시간의 지남에 따라 달라졌다. 독일의 철학자 칸트(Immanuel Kant, 1724~1804)는 아름다움이란 우리의 마음속에 있다고 보았다. 즉, 아름다움은 대상 그 자체에 있는 것이 아니라 우리의 마음속에서 구성된다고 본 것이다.

과연 아름다움은 대상 그 자체에 있는 것일까? 아니면, 우리의 마음속에서 구성되는 것인가? 과연 어느 쪽이 옳다고 말할 수 있을까?

이 문제를 본 이야기 속에서 찾아보면 다음과 같다. "나만의 아름다움을 찾아낼 날이 올 거야."라는 돌이의 말에는 이미 돌이 그 자신에게는 아름다움이 있다는 것을 전제하고 있는 것이 아닐까? 또한, 들쥐와 마주쳤을 때 쥐눈이콩처럼 생긴 그 눈을 보고는 넋을 잃을 정

---

[2] 요한네스 힐쉬베르거, 147쪽.

도로 아름다움을 느낀 선생님을 보면, 아름다움은 보는 사람의 마음 속에서 생겨나는 것이 아닐까?

한편, 우리의 조상들은 아름다움에 대해 어떻게 생각해 왔을까? 우리는 '아름답다'라는 낱말의 분석에서 그 실마리를 찾아볼 수 있다. 아름답다는 말은 '아름'과 '답다'라는 말이 서로 합쳐져 생겨난 말이다. '아름'이란 대상 그 각각을 말하고, '답다'는 그 각각이 그 자질을 가장 잘 꽃피운 상태를 말한다. 그러므로 아름답다는 말은 그 대상이 가진 자질이 가장 잘 꽃핀 상태이고, 그곳에 아름다움이 있다는 말이 된다.

이 말을 자신에게 적용하면 어떻게 될까? 자신의 아름다움 역시 자신이 가진 자질을 가장 잘 꽃피울 때, 그리고 그런 노력을 하고 있을 때, 바로 그런 곳에 아름다움이 있다는 말이 된다. 그러므로 우리는 일상생활 속에서 자신이 가진 자질을 꽃피우기 위한 노력을 게을리해서는 안 될 것이다.

옛날부터 우리 조상들은 자신이 가진 온갖 자질을 꽃피우기 위해 노력해 왔을 뿐 아니라 자신을 둘러싼 것들도 함께 꽃피울 수 있도록 크게 도우며 살아왔다. 일상생활 속에서 아름다움을 추구해 왔고, 일상생활 속에서 예술적인 삶을 살아온 셈이다. 그러고 보면, 미국의 철학자 존 듀이(Dewey, John, 1859~1952)가 말하고 있는 예술적인 삶[3]을 이미 수천 년 전부터 살아온 것이 아니었을까?

---

3 듀이는 『예술로서 경험』에서 일상적인 경험에서 예술적인 삶을 추구해야 한다고 말한다.

4. 사람이나 사람다움이란 말에는 어떤 뜻이 담겨 있을까요?

사람과 사람다움에 관한 탐구는 본 이야기의 가장 큰 주제이다. 사람다운 사람이 되고자 한다면 사람과 사람다움에 대해 알아야 한다는 생각에서, 들쥐인 돌이를 주인공으로 한 이야기를 구성하게 되었다. 돌이의 주장을 통해 사람과 사람다움에 대해 새로운 생각, 더 넓은 생각을 좀 더 쉽게 끌어내기 위해 구성된 것이었다.

많은 사람이 이 문제를 탐구해 왔고, 우리나라 사람들은 사람다운 삶을 살고자 했다. 물론 지금, 이 순간에도 끔찍한 장면을 보았거나 사람답지 못한 행동을 하는 사람을 보면서 사람이란 어떤 존재인가에 관한 생각을 하는 사람도 있을 것이다.

또한, 사람을 어떻게 생각하고 사람의 범위를 어떻게 보느냐에 따라 그 사람의 행동과 삶은 크게 달라진다. 제2차 세계 대전 중 독일의 히틀러(Hitler, Adolf, 1889~1945)는 유태인을 사람으로 보지 않았기 때문에 수없이 많은 유태인을 학살했고, 일본의 이시이 시로(石井四郞, 1892~1959)는 만주의 731부대에서 인간을 대상으로 한 생체실험을 자행했다.[4] 우리의 주변을 둘러봐도 그렇다. X새끼 등 욕하는 말을 들을 때, 우리는 욕을 먹고 있는 사람이 동물의 한 부류로 취급되고 있음을 알 수 있다.

이런 잘못을 저지르지 않으려면 사람을 보는 관점을 바르게 정립

---

[4] 森村誠一,『惡魔の飽食』角川文庫, 2013. 참조. 우리나라에서는 『이럴 수가!』란 제목으로 번역 출판되었다.

해야 한다. 사람을 사람으로 보지 않으려는 풍조가 널리 퍼지고 있는 요즘의 현실을 생각하면 바른 관점의 정립은 더욱더 중요하다.

그러면 이곳에서 사람을 보는 관점을 살펴보는 것도 좋을 것 같다. 사람을 보는 관점은 시대에 따라 다르고, 나라마다 다르다. 한국어의 사람에 해당하는 중국어는 人(렌)이고, 일본어는 ひと(히토)이며, 영어는 person(퍼슨)이다. 이 말을 한국말로 번역할 때는 모두 사람으로 번역하지만, 그 말에 담긴 속뜻이나 특히 그 말이 생겨난 배경은 너무나도 다르다. 이런 점에서 볼 때 같은 말 같지만, 결코 같은 말이 아니다. 말에는 그 나라 사람들이 갈고닦아 온 가치가 들어 있으므로 결코 같을 수는 없다.

먼저, 우리가 쓰는 사람이란 말의 생성 배경을 살펴보면 다음과 같다. 한국말의 사람이란 말의 옛 형태는 '살음'이고, 그 말은 '살(다)'에 명사형 끝말인 '음'이 붙어 생긴 말이다.[5] 쉽게 말하자면 '살다'에서 생겨난 말이라는 뜻이다. 살아 있는 것, 살아가는 것, 살아 움직이는 것, 즉 생명이 그 바탕을 이루고 있는 말이다.

우리나라 사람들은 모습은 다르지만, 생명을 가진 온갖 것에 애착을 갖고, 그 생명이 가진 본디의 자질이 잘 자라날 수 있도록 크게 도우며 살아왔다. 또한, 살아 있는 온갖 것을 다 사람으로 보아 왔고,

---

[5] 국립국어원 우리말샘, opendict.korean.go.kr "사람"

살아 있는 온갖 것 중에서도 사람이, 즉 동물의 한 종으로서의 사람만이 가장 뛰어났기 때문에 살아 있는 것의 대표로서 자리할 수 있었다.[6] 그 때문인지, 요즘에는 이런 뜻만을 갖는 말로만 알고 있는데, 그 말의 생성 배경에서 보면 꼭 그런 것만이 아님을 알 수 있다.

중국어의 人(렌)은 사람의 옆모습을 본떠 만든 말이다. 또는 두 사람이 서로 기대어 있는 모습을 본떠 만든 말이라는 설명도 있다. 그렇지만 어느 쪽이든 사람의 겉모습을 본떠 만든 말이라는 수준에서 벗어나기 어렵다.

일본어의 ひと(人, 히토)는 태양을 뜻한다고 한다. 사람에 해당하는 영어는 person(퍼슨)이다. 이 낱말의 생성 배경을 살펴보면 두 가지이다. 그 하나는 라틴어인 persona(페르소나), 즉 가면이란 말에서 유래했다고 한다.[7] 다른 하나는 per(통하여)+son(소리)으로 된 말로서, '소리를 통하는 존재'라는 뜻이 있다고 한다.

이처럼, 사람이란 말의 생성 배경을 살펴볼 때, 한국말의 사람처럼 그 대상이 가진 본질을 파헤쳐 그에 알맞게 이름을 지은 말은 없다. 그 본질을 꿰뚫어 보고 그에 알맞은 이름을 지은 말은 한국말밖에 없다.[8]

---

6 신원우, 185~187쪽.

7 최새힘, 404쪽.

8 한편, 인간(人間)을 사람이란 뜻으로 쓰고 있으나, 좀 다른 면이 있다. 이 낱말은 한자로서, '사람과 사람 사이'에서 비롯되었다. 그러므로 사람이란 뜻 외에도 '사람들' 또는 '사람들로 이루어진 세상'이란 뜻을 가진다(최봉영, 『인격교육』, 7~8쪽). 이 점은 일본어를 보면 분명히 드러난다. 일본어를 살펴보면 사람을 뜻하는 인간(人間)은 닌겐(にんげん)으로

이와 같은 분석을 본 이야기 속으로 가져와 돌이의 주장을 살펴보면 어떻게 될까? 그렇다. 한국말의 사람이란 말로서는 돌이의 주장을 받아들일 여지가 있지만, 중국어나 일본어, 영어 등으로 볼 때는 그럴 여지가 없다. 물론 한국말로 볼 때도 옛날에는 그렇게 보아 왔고, 소중히 여겼지만, 오늘날에는 그렇지도 않다. 사람만을 사람으로 보려 하는 요즘의 말 쓰임으로 볼 때, 들쥐를 사람으로 볼 여지는 없을 것이다.

그렇지만 우리말이 가진 힘을 살리고, 둘레의 것들을 크게 돕고 어울려 살고자 하는 마음을 되살린다면 들쥐인 돌이도 사람으로 볼 수 있지 않을까? 들쥐뿐 아니라 살아 있는 온갖 것을 사람으로 보고 소중히 여기고 크게 돕고자 할 때 우리의 환경은 좀 더 살기 좋은 곳이 될 수 있지 않을까?

이처럼 생명의 본질로서 사람을 보는 관점이 우리나라라는 울타리를 넘어 세계 여러 나라로 널리 퍼져 나갈 때 인명 경시 풍조나 지구 온난화 현상뿐 아니라 대기오염 등과 같은 지구적인 환경 문제들도 풀어낼 길이 열릴 것이다. 어쩌면, '나도 사람이고, 사람으로서 대접

발음하고, 사람이 사는 곳, 즉 세상을 뜻하는 인간(人間)은 진칸(じんかん)으로 발음한다(네이버 일본어 사전, "인간" 참조). 같은 낱말을 쓰더라도 쓰임에 따라 발음을 달리하여 구별하고 있다. 이런 후자의 측면에서 볼 때, 한국어에서 인간이란 낱말은 '온갖 생명이 크게 돕고 살아가는 곳, 즉 누리라는 뜻에 가깝다(신원우, 187~188쪽). 인간이란 말 역시 인간 중심 언어가 아니라 생명 중심 언어로 봐야 하기 때문이다.

받고 싶다.'라는 돌이의 주장 속에는 이런 바람이 들어 있는 것이 아닐까?

　자신에게 이익이 되면 사람으로 보고 그렇지 않으면 사람으로 보지 않으려는 요즘의 관점이나 사람을 수단시하려는 현실에서 벗어나려면 돌이의 주장에 귀를 기울이는 것도 좋을 것 같다. 사람이란 말에서 우리의 조상들이 담아 놓은 슬기를 찾아내고, 문제 해결의 실마리를 찾아보는 것도 좋은 일일 것이다.

　물론, 우리의 탐구는 여기에서 그쳐서는 안 된다. 사람을 넘어 사람다움에 이르는 길을 찾아보지 않으면 안 된다. 그러려면 사람다움의 뜻을 먼저 알지 않으면 안 될 것이다.

　사람다움이란 낱말은 '사람'과 '다움'이 합쳐 만들어진 말이다. 사람에 대해서는 지금까지 알아본 바와 같기에 이제부터는 '다움'에 대해 알아보려 한다.

　'다움'은 '답다'에 바탕을 둔 말로서 '답다+움'의 짜임으로 되어 있다. '답다'는 '사람답다', '꽃답다', '학생답다', '어린이답다', '나답다'처럼 다른 낱말에 붙어 그것이 가장 좋은 상태에 놓여 있음을 나타낸다.[9] 왜냐하면, '답다'는 '다하다'라는 낱말에 뿌리를 두고 있기 때문이다. '다하다'란 '다+하다'로서 모두 하는 것을 말한다. 즉 그 자신

9　최봉영, 22쪽.

이 가진 모든 것을 다함으로써, 더 남아 있지 않음을 뜻하는 말이기 때문이다.

그러므로 '답다'란 다하는 것을 말하고, '다움'이란 그 자신이 가진 본디의 자질을 다한 상태를 말한다. 그러면 사람다움이란 낱말의 뜻도 쉽게 알 수 있을 것 같다. 즉, 사람이 가진 본디의 자질을 다한 상태라고 말이다.

그렇지만 그런 상태는 절로 이루어지지 않는다. 그런 상태에 이르려면 먼저 자신이 가진 자질이 무엇인지를 파악하지 않으면 안 되고, 그런 자질을 적극적으로 계발하기 위해 노력하지 않으면 안 된다. 물론, 사람다움이 여기에서 끝나는 것은 아니다. 지금까지는 나에게 있는 자질을 계발하여 나다움을 이룩했을 뿐 사람다움에 이르렀다고는 볼 수 없기 때문이다.

사람다움에 이르려면 나뿐 아니라 다른 사람도, 나를 둘러싼 다른 것들도 그 자질이 꽃피도록 크게 돕지 않으면 안 된다. 이 이야기의 마지막 장인 22장에서는 돌이를 통해 이런 모습을 보여 주려 했다. 동식물뿐 아니라 돌과 흙, 물과 공기도 그것이 가진 본디의 자질이 꽃피도록 크게 돕는 과정에서 사람의 사람다움은 더 크게 피어나는 것이 아닐까?

💡 슬기 찾기 활동 실제로 해 보기

▲ 문제[제목]

▲ 이 문제를 선택한 이유나 궁금한 점

▲ 스스로 생각하며 풀어낸 점

▲ 새롭게 생겨난 궁금증

▲ 생각을 나눠 보는 과정에서 새롭게 알게 된 점

▲ 새롭게 생겨난 궁금증 및 해결 방안

▲ 깨달은 점 정리 및 현실 적용 방안 탐색

유의할 점 알아보기

***슬기 모음집(또는 탐구보고서) 만들기 : 정리한 것을 바탕으로 하여 다양한 방식으로 재미있게 표현해 봅시다.

참고문헌

- 교육부,『국어 4-1 가』, 미래엔, 2022.
- 교육부,『국어 4-1 가 교사용지도서』, 미래엔, 2022.
- 신원우,『곰은 왜 사람이 되려고 했을까?』, 책과나무, 2019.
- 최새힘,『다섯 가지 접두사로 영어단어 뿌리 뽑기』, 크리세이, 2017.
- 최봉영,『말과 바탕공부』, 고마누리, 2013.
- 존 듀이, 박철홍 옮김,『경험으로서 예술 1·2』, 나남, 2016.
- 숀스틸, 박수철 옮김,『지식은 과거지만 지혜는 미래다』, 이룸북, 2018.
- 요한네스 힐쉬베르거, 강성위 옮김,『서양철학사 상권 고대와 중세』, 이문출판사, 1996.
- 최봉영, "대한민국의 교육이념과 교육목적에 대한 검토",「인권교육 제1권 제1호」, 2007, 10월호.
- 국립국어원 우리말샘, opendict.korean.go.kr
- 네이버 일본어 사전, https://ja.dict.naver.com
- 森村誠一,『惡魔の飽食』, 角川文庫, 2013.